우리 시대의
일곱 교황

우리 시대의 일곱 교황

2016년 3월 8일 교회 인가
2016년 7월 4일 초판 1쇄 펴냄
2021년 2월 12일 개정판 1쇄 펴냄

지은이 · 손희송
펴낸이 · 염수정
펴낸곳 · 가톨릭출판사
편집 겸 인쇄인 · 김대영

본사 · 서울특별시 중구 중림로 27
등록 · 1958. 1. 16. 제2-314호
전자우편 · edit@catholicbook.kr
전화 · 1544-1886(대표 번호)
지로번호 · 3000997

ISBN 978-89-321-1750-8 03230

값 16,000원

가톨릭의 모든 도서와 성물을 '가톨릭출판사 인터넷쇼핑몰'에서 만나 보실 수 있습니다.
http://www.catholicbook.kr | (02)6365-1888(구입 문의)

ⓒ 손희송, 2016
성경 · 교회 문헌 ⓒ 한국천주교중앙협의회

이 책은 저작권법에 의해 보호를 받는 저작물이므로 무단 전재와 무단 복제를 금합니다.

이 도서의 국립중앙도서관 출판예정도서목록(CIP)은 서지정보유통지원시스템 홈페이지(http://seoji.nl.go.kr)와 국가자료종합목록 구축시스템(http://kolis-net.nl.go.kr)에서 이용하실 수 있습니다.(CIP제어번호: CIP2020050695)

프란치스코 교황과 더불어 알아야 할

우리 시대의 일곱 교황

손희송 지음

가톨릭출판사

사진 출처

ⓒ 해외문화홍보원	21p
ⓒ Wikimedia Commons	17p, 37p, 43p, 49p, 59p, 91p, 173p, 209p
ⓒ 가톨릭신문사	76p, 102p, 129p, 143p
ⓒ 연합뉴스	23p, 30p, 33p, 45p, 168p, 194p, 205p
ⓒ AP	69p, 103p, 113p, 117p, 122p
ⓒ AFP	105p, 114p

머리말
하느님이 주신 일곱 선물

우연한 기회로 계획에 없던 일을 하는 경우가 있습니다. 이 책이 그렇습니다. 우연히 특강 요청을 받은 것이 계기가 되어 우리 시대의 일곱 교황님에 대한 책을 감히(!) 엮어 내게 되었습니다.

2015년 2월 말, 해외 성지 순례 중에 특강을 부탁한다는 문자 메시지를 받았습니다. 큰 망설임 없이 일정이 맞으면 하겠다고 약속했습니다. 제가 즐겨 하던 특강 주제가 몇 가지 있었기에 그중에서 하나를 선택하면 많은 준비 없이도 가능하리라고 쉽게 생각했던 것입니다.

성지 순례를 마치고 요청을 받은 특강에 대해 알아보려고 전화를 걸었다가 5월 초에 가톨릭 중등 교육자들의 모임에서 하는 강의라는 설명을 들을 수 있었습니다. 그런데 특강을 요청했던 신부님은 제가 제안한 강의 주제에 만족하지 않고 다른 새로운 것을 이야기해 달라고 부탁했습니다. '기성복'이 아니라 '맞춤옷'을 원했던 것입니다. 번거롭게 되었다는 생각을 하면서 궁리 끝에 '우리 시대의 교황님들'이라는 주제를 제안했고 합의를 보았습니다.

교황님을 특강 주제로 선택한 데에는 몇 가지 이유가 있었습니다. 우선 2013년 3월에 선출되신 프란치스코 교황님이 전 세계의 주목을 받고 있을 뿐만 아니라, 2014년 8월, 한국 방문을 계기로 우리나라에서도 그분에 대한 관심이 매우 높아졌다는 것이었습니다. 또 다른 이유는 프란치스코 교황님을 '보수와 진보'라는 정치적 틀에 맞춰서 한쪽으로만 보려는 이들이 종종 있다는 것입니다. 요한 바오로 2세, 베네딕토 16세로 이어지는 '보수파' 교황님들의 시대가 지나가고 바야흐로 '진보파' 개혁 교황님의 시대가 왔다는 식으로 말입니다.

그런데 프란치스코 교황님을 이런 정치적 틀로 재단하다 보면 그분의 진면모를 왜곡하게 됩니다. 그분이 교회를 쇄신하고 가난한 이들 편에 서려고 적극적으로 행동하기에 '진보적'이라는 수식어를 붙일 수는 있습니다. 하지만 그분에게는 교회의 가르침과 전통을 지키려는 '보수적' 측면도 분명 있습니다. 실상 우리 시대의 교황님들 모두에게 진보적인 면과 보수적인 면이 공존합니다. 교회의 전통과 가르침을 수호한다는 점에서는 보수적이며, 복음에 따라 인간, 특히 가난하고 고통받는 이들을 옹호한다는 점에서는 진보적입니다. 정치적 이념이 아니라 복음과 교회의 가르침에 따라 말하고 행동하는 교황님들의 전체적인 면모를 거시적으로 살펴보지 않고, 자신이 원하는 부분만 보면서 그것이 전부인 양 고집하는 '외눈박이'가 되어서는 안 됩니다. 이런 맥락에서 교황님들에 대한 '공부'가 필요하다는 생각을 하게 되었습니다.

현대의 교황님들에 대한 강의를 준비하면서 다소 우려되는 바도 있었습니다. '과연 이런 주제에 사람들이 관심을 가질까?' 하는 걱정이었습니다. 하지만 그것은 쓸데없는 걱정이었고, 강의에 참석한 분들은 의외로 큰 관심을 보였습니다. 그런 호의적 반응에서 용기를 얻어 서울대교구 본당 성소후원회원 임원 연수에서 같은 강의를 했는데 거기에서도 큰 호응을 받았습니다. 이에 고무되어 원고를 보충하고 다듬어서 책으로 출판하게 되었습니다.

저는 이 책을 읽는 여러분에게 두 가지 점에서 양해를 구하고자 합니다. 첫 번째는 이 책에서 다룬 일곱 분의 교황님은 순전히 주관적인 기준에 의해 선별되었다는 점입니다. 제가 태어난 해에 교황직에 계셨던 분이 비오 12세 교황님이었고, 현재는 프란치스코 교황님이 재위 중이시기에 그분들을 시작과 끝으로 하여 일곱 교황님을 선택한 것입니다. 두 번째는 이 책이 교황님들에 대한 학술적이며 독창적인 서술이 아니라는 점입니다. 기존에 출판된 여러 책들과 교계 신문들을 참조하여 내용을 작성하고 저의 개인적 소견을 덧붙였습니다. 이 책이 학술 서적이 아니기에 인용 구절 하나하나에 각주를 달지는 않았습니다. 제가 참고했던 도서들을 이 책의 말미에 수록하는 것으로 대신하겠습니다.

비록 우리 시대의 교황님들에 대한 정밀한 '초상화'가 아니라 '스케치'에 불과한 책이지만, 그분들의 훌륭한 면모와 활동을 아는 데에 다소나마 도움이 되면 좋겠습니다. 또한 그분들 모두 하느님이 교회에 주신 귀중한 선물이라는 것을 깨닫게 되는 데에 보탬이 되기를 바랍니다. 한 걸음 더 나아가서 그분들에 대한 안내서나 그분들의 저서를 직접 읽는 데에 징검다리 역할을 한다면 더욱 기쁘겠습니다.

이 책의 출간을 준비하던 중에 제 신변에 큰 변화가 일어났습니다. 2015년 7월 14일, 프란치스코 교황님이 저를 서울대교구 보좌 주교로 임명하신 것입니다. 순명하는 마음으로 소임을 받아들이기는 했지만, 두려움과 부담감으로 마음이 몹시 무거웠습니다. 사랑이 턱없이 부족하고 주님에 대한 열정과 희생정신도 많이 모자라다는 것을 잘 알기 때문입니다. 이런 제가 사도들의 후계자인 주교단의 일원이 된 것에 감사드리면서, 주교단의 으뜸이신 프란치스코 교황님과 전임자들, 하나같이 주님과 교회에 대한 사랑과 열정으로 기꺼이 자신을 희생했던 그분들에 대한 존경의 마음을 이 책에 담고자 했습니다.

아울러 이 책으로 저의 사제 수품 30주년을 기념하고 싶습니다. 1986년 7월 4일, 사제로 서품된 이래 행복하고 보람찬 사제 생활을 할 수 있도록 이끌어 주신 하느님께 깊은 감사와 찬미를 드립니다. 그동안 제게 기도와 격려를 보내 주신 모든 분들, 특히 제가 주교로 임명되고 나서 축하, 성원, 격려, 기도를 해 주신 많은 분들에게도 머리 숙여 감사드립니다. 마지막으로 이 책을 편집하고 출판하는 데에 수고를 아끼지 않은 가톨릭출판사 관계자분들에게도 고마운 마음을 전합니다.

2016년 2월 2일 주님 봉헌 축일
손희송 베네딕토

차례

머리말 5
하느님이 주신 일곱 선물

시몬 베드로와 그의 후계자들 13

세상 끝에서 온 교황, 프란치스코 21
파격적 행보 22 • 날카로운 현실 비판 24 • 대중의 호응과 환영 27
교회 일치와 세계 평화를 위한 적극적 행보 29 • 사목 방문 32 • 자비의 때 38

격동기의 교황, 비오 12세 43
평화에 대한 갈망 44 • 반공주의 노선 50 • 전통과 규율의 중시 52
작은 변화들 54 • 높은 도덕적 권위 56

새 시대를 연 교황, 요한 23세 59
다양한 인생 경력 60 • 과도기적 인물? 65 • 착한 목자 68 • 겸손과 유머 71
제2차 바티칸 공의회의 소집 74 • 교회 일치와 종교 간 대화 78
크렘린과의 비밀 접촉 80 • 평화의 사도 84 • 반석 같은 신앙 86

고뇌의 교황, 바오로 6세 91
교회의 충직한 일꾼 92 • 제2차 바티칸 공의회의 마무리와 후속 조치 96
교회 일치 운동의 촉진 104 • 순례자 교황 106 • 어둔 밤 107
제2차 바티칸 공의회의 순교자 112

미소의 교황, 요한 바오로 1세 　　　　　　　　　　117
검소한 사목자 118 • 미소와 겸손 119 • 짧은 재위 기간 124

행동하는 교황, 요한 바오로 2세 　　　　　　　　　　129
전체주의에 대한 저항 130 • 최초의 공산권 출신 교황 133
세상의 선교사 139 • 그리스도교 일치와 세계 평화를 위한 노력 144
교회 내의 일치를 위한 결단들 149 • 해방 신학과의 갈등 155 • 전통적 윤리관 158
신앙의 일치와 활성화를 위한 노력 162 • 2000년 대희년의 준비와 실행 165
병고와 노쇠의 십자가 167 • 신속한 시복 시성 170

신학자 교황, 베네딕토 16세 　　　　　　　　　　173
나치 치하의 유년 시절 174 • 탁월한 신학자 175 • 신앙과 교의의 수호자 178
'베네딕토'라는 이름의 교황 183 • 전례에 대한 열정 188 • 반대를 받는 표징 190
세속주의와 상대주의와의 투쟁 198 • 세상이 놀란 교황직 사임 201

하느님의 선물, 프란치스코 　　　　　　　　　　209

맺음말 　　　　　　　　　　219
교황님들과 함께한 은총의 시간

참고 문헌 　　　　　　　　　　228

시몬 베드로와
그의 후계자들

　착한 목자이신 예수님은 각양각색의 사람들이 하느님을 오롯이 공경하면서 서로 가족처럼 화목하게 지내는 공동체를 이루고자 하셨습니다. 그래서 새로운 하느님의 백성인 교회를 세우신 것입니다. 예수님은 교회가 당신이 원하신 공동체로 유지되고 성장할 수 있도록 열두 사도를 뽑아 교회의 목자로 삼으셨습니다.

　시몬은 열두 사도의 대표자 역할을 합니다. "너희는 나를 누구라고 생각하느냐?"(마태 16,15 참조)라는 예수님의 질문에 시몬이 나서서 "스승님은 살아 계신 하느님의 아드님 그리스도이십니다."(마태 16,16)라고 대답했습니다. 당시 사람들은 예수님을 과거 이스라엘의 위대한 인물, 이를테면 요한 세례자나 엘리야 혹은 예레미야 예언자와 비슷한 인물이라고 여겼지만, 시몬은 스승이 전적으로 다른 차원의 인물이라고 고백한 것입니다. 그러자 예수님은 시몬에게 베드로, 곧 바위라는 뜻의 이름을 주시어 교회의 반석으로 삼으셨습니다. 베드로는 자신이 고백한 대로, 예수 그리스도에 대한 신앙을 반석으로 삼아 일치와 화합을 이루는 교회 공동체를 육성해야 할 사명을 지니게 된 것입니다.

베드로는 자신을 믿고 교회의 반석으로 삼아 주신 스승에게 큰 신뢰심을 갖고 그분을 따랐습니다. 오병이어五餠二魚의 기적이 일어난 후, 예수님이 하신 생명의 빵에 대한 말씀이 듣기가 너무 거북하다며 많은 사람들이 떠났습니다. 하지만 베드로는 꿋꿋하게 그분의 곁을 지켰습니다. 너희도 떠나겠느냐는 스승의 질문에 그는 열두 사도를 대표해서 이렇게 대답했습니다. "주님, 저희가 누구에게 가겠습니까? 주님께는 영원한 생명의 말씀이 있습니다."(요한 6,68)

이렇게 베드로는 스승에게 충실했지만, 완벽한 사람은 아니었습니다. 스승이 인간 구원을 위해 십자가의 길을 가고자 하는 계획을 막아서다가 큰 꾸지람을 듣기도 했습니다(마태 16,21-23 참조). 베드로는 스승에 대한 이해가 부족했을 뿐만 아니라 두려움에 사로잡혀 스승을 세 번이나 모른다고 잡아떼기까지 했습니다(마르 14,66-72 참조). 하지만 예수님은 이런 약점과 허물에도 불구하고 베드로를 내치지 않으시고 당신의 사도이자 교회의 목자로 삼으셨습니다. 예수님은 베드로가 당신을 세 번 배반했던 것을 세 번의 사랑 고백을 통해 기워 갚게 하시고 당신의 양들을 잘 돌보라고 당부하셨습니다(요한 21,15-19 참조). 또한 그를 위해 기도해 주시면서 자신의 약함과 허물을 기억하며 형제들을 도와주라고 하셨습니다. "나는 너의 믿음이 꺼지지 않도록 너를 위하여 기도했다. 그러니 네가 돌아오거든 네 형제들의 힘을 북돋아 주어라."(루카 22,32)

베드로에게 맡겨진 임무, 곧 교회를 예수 그리스도에 대한 굳건한 신앙 안에서 일치하고 화합하는 공동체로 육성하는 임무는 베드로의 후계자인 교황들을 통해 면면히 이어져 내려왔습니다. 시몬 베드로부터 현재 제266대 프란치스코 교황에 이르기까지 교황들의 면모를 보면 매우 다양합니다.

베드로를 비롯한 교회 초기의 교황들은 모두 순교자였습니다. 그들은 보무당당한 지배자로 군림한 것이 아니라 그리스도와 그분의 양 떼를 위해 기꺼이 목숨을 내놓는 착한 목자의 모습을 보였습니다. 313년, 콘스탄티누스 황제로부터 그리스도교가 자유를 얻은 후에는 탁월한 성덕을 보이거나, 교회의 토대를 굳건히 하고 쇄신하는 데에 많은 공헌을 한 성인 교황들이 여럿 배출되었습니다.

예를 들면 레오 1세 교황(재위 440~461년)은 당시 서로마 제국이 훈족과 반달족의 침공을 받아 위기에 처했을 때 그들과의 협상을 통해 로마 시민과 교회를 보호했습니다. 또한 그분의 수많은 서간과 강론에서 드러나듯이, 레오 1세는 여러 가지 이단 사상들로 어려움을 겪고 있던 상황에서 정통 신앙을 지키는 데에 힘썼고 교황의 최고 통치권 기반을 확립하는 데에 공헌했습니다. 이런 업적들로 레오 1세는 탁월한 행정가이며, 정통 신앙의 수호자이자, 고대 교회의 초석을 놓은 인물로서 첫 번째로 '대교황'이라는 호칭을 받았습니다.

또 다른 대교황인 그레고리오 1세 교황(재위 590~604년)은 중세 초기 서유럽에 그리스도교의 기초를 다졌고 롬바르드족의 침입으로부터 로마를 여러 번 구하기도 했습니다. 그는 가난한 이들을 적극적으로 돌보면서 훌륭한 신학적·영성적 저서도 남겼습니다. 그레고리오 7세 교황(재위 1073~1085년)은 수도회의 도움을 받아 큰 개혁 운동을 일으켰습니다. 그의 이름에서 유래한 '그레고리오 개혁'을 통해 사제들의 독신 서약이 강화되고 성직 매매가 금지되었으며, 이를 통해 교황은 정치적 목적을 위해 교회를 이용하려는 세속 통치자들의 간섭으로부터 서서히 벗어나게 됩니다.

베드로 사도에게 천국의 열쇠를 주는 예수님
피에트로 페루지노(Pietro Perugino, 1450년경~1523년), 1482년경, 프레스코, 시스티나 성당, 바티칸.

그레고리오 7세 교황 이후에 교황의 권위와 영향력이 한층 강화되었습니다. 그러다 보니 교회가 세상에서 막강한 힘과 부를 차지해, 교황이 마치 황제처럼 위세가 당당한 시기도 있었습니다. 12세기에 클레르보의 베르나르도 성인(1090~1153년)은 에우제니오 3세 교황(재위 1145~1153년)의 요청을 받아 〈성찰〉이란 제목의 양심 성찰문을 작성해 교황이 본연의 임무에 충실할 것을 촉구했습니다. 성인은 이 책에서 "그대가 콘스탄티누스 황제의 후예가 아니라 한 어부의 후예라는 것을 명심하십시오." 라고 당부하면서 교황이 세속적인 권력욕에 물들지 않도록 경고했습니다.

하지만 교회 역사에는 유감스럽게도 교황 본연의 임무에 충실하지 못해 교회에 대한 신뢰를 약화시킨 이들도 있었습니다. 이를테면 1447년부터 1534년에 이르기까지 르네상스 시대의 교황들은 교황령의 유지에 역점을 두면서 로마를 인문주의와 예술의 중심지로 만들려고 노력했지만, 시대적 사명인 교회의 쇄신과 개혁에는 소극적이었습니다. 특히 알렉산데르 6세 교황(재위 1492~1503년)처럼 지탄을 받아 마땅한 세속적이고 비윤리적인 생활을 한 교황도 있었습니다. 시몬 베드로의 약함과 허물이 교회 역사에서 재현된 것이라고 하겠습니다. 그러나 믿음이 약한 시몬 베드로를 위해 기도하셨던 주님은 여전히 교회를 보살펴 주시면서 교회가 어려움에 처하면 필요한 인물을 보내시어 위기를 극복하도록 도와주십니다. 우리 시대의 교황들에게서도 그런 하느님의 보호와 인도의 손길을 알아볼 수 있습니다.

Franciscus

세계의 평화를 부르는 교황

2013년 3월 13일 선출

세상 끝에서 온 교황
프란치스코

    2013년 3월 13일 아르헨티나의 호르헤 마리오 베르골료 추기경이 시몬 베드로의 제266대 후계자로 선출되자, 그는 '프란치스코'라는 교황명을 택했습니다. 선출 직후 "가난한 사람들을 잊지 말아 주세요."라는 브라질의 클라우디오 우메스 추기경의 권고를 듣고 철저하게 가난한 삶을 살았던 아시시의 프란치스코 성인을 떠올리며 그 이름을 선택한 것입니다. 이런 프란치스코 교황을 보면서 하느님의 특별한 손길을 감지하게 됩니다.

    현대 사회는 점점 돈과 자본이 하느님을 밀어내고, 생산성

없는 사람은 쓸모없는 사람으로 여겨집니다. 이런 세상에 대해 교회는 복음의 메시지, 곧 돈보다 하느님을 앞자리에 모셔야 하고 경제적 이익보다는 인간이 더 소중하다는 것을 이전보다 더욱 분명하고 강력하게 선포해야 합니다. 주님은 이런 당면 과제에 합당한 인물을 멀리 아르헨티나에서, 프란치스코 교황이 표현한 대로 거의 '세상 끝에서' 불러내어 교회의 으뜸 목자로 세우셨습니다.

파격적 행보

프란치스코 교황은 최초의 예수회 출신이자, 최초의 남미 대륙 출신의 교황으로서 그 이전에 어느 교황도 선뜻 엄두를 내지 못했던 '프란치스코'라는 이름을 택합니다. 교황은 전 세계적인 영향력을 지니고 있고 바티칸 시국을 포함해서 많은 건물과 재산을 소유하고 있기에, 철저한 무소유와 세속적 힘의 포기를 추구했던 아시시의 프란치스코 성인을 교황명으로 삼기란 결코 쉽지 않았을 것입니다.

프란치스코 교황은 자신의 이름에 걸맞게 소박하고 검소하게 사는 길을 향해 처음부터 거침없이 나아갑니다. 교황 선출 직후 첫 축복을 주기 위해 성 베드로 대성전 발코니에 나타났

2013년 3월 13일 교황 선출 직후, 사람들에게 기도를 청하며 고개를 숙이는 모습.

을 때 이전 교황들과는 달리 교황 전용 붉은색 모제타를 입지 않고 검소하게 흰색 수단만을 착용했습니다. 교황으로서 첫 강복을 주기 전에 겸손하게 군중을 향해 머리를 숙이고 자신을 위한 기도를 청하기도 했습니다. 또한 교황 선거가 끝난 후에, 별도의 차량을 이용하지 않고 추기경들과 함께 버스로 이동했고, 숙소도 교황의 공식 관저인 사도 궁전 대신에 교황청 내에 있는 일반 성직자들과 일부 방문객들의 숙소인 '성녀 마르타의 집'을 선택했습니다. 그리고 교황이 되기 전까지 아르헨티나에서 실천해 왔던 가난한 이들과 함께하는 삶을 계속 이어 갔습니다. 자신의 생일에 노숙자들을 식사에 초청하고, 그들의 요청으로 바티칸 광장 한편에 샤워 시설을 마련하게 했습니다.

바티칸 은행은 오래전부터 이런저런 구설수에 많이 올랐고, 그래서 전임 교황들은 개혁을 위해 많은 노력을 했습니다. 프란치스코 교황도 의욕적으로 이에 동참해 선출된 지 두 달 만인 2013년 5월 7일, 바티칸 은행의 투명성을 높이기 위해 교황청 금융정보국과 미국 재무부 산하 '금융 범죄 단독 네트워크' 사이에 양해 각서를 체결했습니다. 2013년 10월 23일에는 수백억 원대의 호화로운 주교관과 교구청 건축 공사로 비난을 받고 있던 독일 림부르크 교구장 프란츠-페터 테바르츠 판 엘스트 주교에 대한 조사와 면담을 마치고, 그에게 정직 처분을 내리기도 했습니다.

날카로운 현실 비판

프란치스코 교황은 선출 직후부터 줄곧 여러 가지 사회 현안에 날카로운 비판을 하고 있습니다. 2013년 7월 8일, 즉위 이후 첫 방문지로 람페두사 섬을 방문했는데, 그 섬은 수많은 아프리카 이민자들이 바다를 건너다가 근처에서 목숨을 잃은 곳입니다. 교황은 난민 수용소를 찾아가 그들을 위로하면서 "우리는 바다에서 생명을 잃은 수많은 난민을 위해 어떻게 울어야 하는지도 모르고 형제적 책임감도 상실했습니다."라고 개탄했습니다. 교황은 무관심 속에 쓰레기처럼 버려지는 힘없는 이들을 대신해 목소리를 내면서 그들에 대한 관심을 촉구한 것입니다.

2014년 6월, 프란치스코 교황은 이탈리아 마피아의 한 분파인 '은드랑게타'의 본거지인 남부 칼라브리아 지역을 방문한 자리에서 마피아를 정면으로 공격했습니다. "마피아처럼 악의 길을 따르는 자들은 하느님과 교감하지 않습니다."라고 강도 높게 비판하면서 "마피아 단원들은 파문되었습니다." 하고 선언한 것입니다. 이는 1993년, 요한 바오로 2세 교황이 시칠리아 마피아를 비난한 이후, 가장 강도 높은 비난이었습니다. 미사에 앞서 교황은 그해 1월, 마피아의 세력 다툼에 휩말려 할아버지와 함께 목숨을 잃은 3세 어린이의 유가족을 만나 위로하기도 했습니다.

2015년 6월 21일, 프란치스코 교황은 이탈리아 북부 토리노를 방문하여 젊은이들을 대상으로 연설했는데, 그 자리에서 무기 산업 종사자들을 신랄하게 비판했습니다. 스스로를 그리스도인이라고 하면서 무기를 만들어 파는 사람들, 지도자들과 기업가들은 위선자들이라고 질책하면서 그들이 그런 일을 하는 것은 오직 돈 때문이라고 꼬집었습니다.

또한 이민자 문제에 대해서도 언급했습니다. 교황은 "사람이 물건으로 취급되는 광경을 보니 눈물이 났습니다."라고 하면서, "이민자들을 비난해서는 안 됩니다! 왜냐하면 그들 역시 불평등과 경제적 소외 그리고 전쟁의 피해자들이기 때문입니다."라고 역설했습니다.

교황은 세상의 문제만이 아니라 교회 내의 문제에 대해서도 서슴없이 비판합니다. 2014년 12월 22일, 교황청에서 일하는 추기경, 주교, 사제들과 성탄 인사를 나누는 자리에서 통상적인 축하와 덕담 대신에 '쓴소리'를 했습니다. 교황청을 15가지의 각종 질병에 시달리는 몸에 비유하면서, 교황청 관리들을 강도 높게 비판한 것입니다. 예를 들면 하느님을 위한 봉사라는 자신의 본분을 잊은 채 어떤 희생을 치르든 권력과 부를 차지하려고 발버둥치는 '영적 치매', 사목자로서의 봉사를 포기하고 관료적인 일에만 몰두하며 실제 사람들과 연대하지 않거나 현실적으로 실천하는 감각을 잃은 '실존적 분열증', 신자들은 물론 교회 조직에 부담을 주는 '장례식에 온 듯한 우울하고 딱딱한 얼굴'을 질타했습니다. 또한 "직접적으로 말할 용기가 없는 겁

쟁이들이 사람들 뒤에서 말합니다."라고 하면서 "험담은 사탄들이나 하는 짓"이라고 꼬집었습니다.

대중의 호응과 환영

프란치스코 교황은 교황으로 선출된 다음 날 추기경단과 함께 거행한 미사에서 '그리스도인의 세 가지 움직임'을 주제로 강론했습니다. 그리스도인은 주님의 현존 안에서 걷고, 그분의 교회를 세워야 하며, 예수님을 그리스도라고 고백해야 하는데, 이런 우리의 움직임을 방해하는 다른 움직임, 곧 베드로가 그랬던 것처럼 그리스도의 십자가를 거부하려는 움직임이 있다고 지적했습니다. 그러면서 주님의 현존 안에서 그분의 십자가와 함께 걸을 수 있는 용기, 십자가에서 쏟으신 주님의 피 위에 그분의 교회를 세우는 용기, 그리고 우리의 유일한 영광인 십자가에 못 박히신 그리스도께 신앙을 고백하는 용기를 갖게 되기를 기원했습니다.

프란치스코 교황은 십자가에 못 박히신 그리스도를 따르려는 각오에서 취임 초부터 비난과 저항을 예상하면서도 세상과 교회의 현실에 날카로운 비판을 마다하지 않는 것 같습니다. 또한 교황은 복음의 메시지를 좀 더 생생하게 전하기 위해 자신만의 독특한 표현을 즐겨 사용합니다. 2014년 3월 6일, 로마의 본당 신부들에게 한 설교에서 그 예를 볼 수 있습니다.

교황은 이날 설교에서, 사제는 자비로운 마음을 지니도록 부르심을 받았다는 점을 강조하면서 교회에 도움이 되지 못하는 '무균 상태'의 사제들 또는 '실험실'의 사제들이 되지 말라고 당부합니다. 그런 사제가 되지 않기 위해서는 "이유를 막론하고 삶에서 상처를 입은 사람이 있다면 누구든 상관없이 관심을 가져야 하고 그의 말을 들어 주어야 합니다."라고 말하며 특히 고해성사를 거행할 때 자비의 마음을 드러내라고 촉구합니다. 또한 자비는 무엇보다도 상처를 먼저 치료해 주는 것을 의미하며, 교회가 자비의 공동체가 되기 위해서는 우선적으로 상처 입은 이들을 치료하는 '이동식 병원'이 되어야 한다고 호소합니다.

프란치스코 교황의 강론과 설교, 연설에는 구체적이고 현실적인 표현이 자주 등장합니다. 많은 사람들이 이에 깊은 감동을 받고 적극적으로 호응합니다. 또한 교황이 발표한 문헌도 교회와 세상의 주목을 받습니다. 2013년 11월에 첫 교황 권고 〈복음의 기쁨〉이 발표되었습니다. 교황은 이 문헌에서 '복음의 기쁨'을 원동력으로 삼아 변화를 두려워하지 말고 세상에 나아가 복음을 선포하라고 촉구하면서, 불평등한 경제 체제, 황금만

능주의, 무자비한 금융 시스템 등으로 양산되는 가난한 이들을 위한 가난한 교회가 되어야 한다고 역설합니다. 〈복음의 기쁨〉은 전임 교황인 베네딕토 16세와 함께 쓴 회칙 〈신앙의 빛〉 다음으로 나온 프란치스코 교황의 첫 공식 문헌으로서 우리나라를 비롯해서 전 세계적으로 환영을 받았습니다.

2015년 5월 24일에는 교황 회칙 〈찬미받으소서〉가 발표되었습니다. 요한 바오로 2세 교황과 베네딕토 16세 교황은 담화나 연설에서 환경 문제를 종종 언급했습니다. 하지만 교회 역사상 환경 문제를 교황 회칙으로 발표한 것은 프란치스코 교황이 처음이었습니다. '공동의 집을 돌보는 것에 관한'이라는 부제가 붙은 이 회칙에서 교황은 인간의 무분별한 개발과 이용으로 기후 변화와 같은 심각한 위기에 처한 지구를 구하기 위해 회개하고 즉각적으로 행동에 나서야 한다고 강조합니다. 특별히 세계의 부유층이 금세기 안에 생활 습관과 에너지 소비 양태를 바꿔야 한다고 역설합니다. 다른 종교 지도자들은 물론 유엔 등 국제기구도 이 회칙을 환영했습니다.

교회 일치와 세계 평화를 위한 적극적 행보

2014년 5월, 이스라엘을 방문한 프란치스코 교황은 예루살

동방 정교회 바르톨로메오 1세 총대주교와 함께 공동 우호 선언에 서명하는 모습.

렘에서 동방 정교회의 수장인 바르톨로메오 1세 총대주교와 만나 교회 일치와 화합에 대해 논의했습니다. 이 만남은 50년 전인 1964년에 바오로 6세 교황과 동방 정교회의 수장 아테나고라스 총대주교가 1054년의 상호 파문을 폐기하고 화해를 이룬 것을 기념하는 자리였습니다.

　프란치스코 교황은 2014년 11월 28일부터 30일까지의 터키 방문 일정 중에도 바르톨로메오 1세 총대주교와 만나 대화를 나누고 공동 우호 선언에 서명했습니다. 앞서 바르톨로메오 1세는 2013년 3월 19일, 교황의 즉위 미사에 참석했는데, 1054년 동서 교회 분열 이후 동방 정교회 수장이 교황 즉위식에 참석한 것은 처음 있는 일이었습니다.

프란치스코 교황은 세계 평화를 위해서도 적극적으로 나섭니다. 2014년 6월 8일, 이스라엘과 팔레스타인 간의 정치적 분쟁 해결을 위해 바티칸에서 평화 기도회를 열었는데, 이 자리에는 교황의 초대를 받은 시몬 페레스 이스라엘 대통령과 마흐무드 압바스 팔레스타인 자치 정부 수반도 참석했습니다. 교황은 이 기도회에서 "이스라엘과 팔레스타인은 평화 정착에 성공할 수 있는 기회가 있었지만 실패했고, 이것이 우리가 여기에 모인 이유"라고 지적했습니다.

또한 프란치스코 교황은 2014년 12월에 미국과 쿠바의 외교 관계가 정상화되는 데에 실질적으로 많은 기여를 했습니다. 프란치스코 교황의 전임 교황들도 쿠바의 개방을 유도하기 위해서 많은 노력을 기울였습니다. 이미 요한 바오로 2세 교황이 1998년 1월에, 베네딕토 16세 교황이 2012년 3월에 쿠바를 방문했습니다. 전임 교황들의 이런 노력이 쌓였기 때문에 프란치스코 교황이 쿠바와 미국 간의 관계 회복을 적극적으로 중재할 수 있었던 것입니다.

사목 방문

프란치스코 교황은 전임자들처럼 사목적 목적으로 지역 교회를 방문했습니다. 즉위 초기에 자신은 여행을 특별히 좋아하지는 않는다고 말했지만, 지역 교회의 방문 요청에 응하지 않을 수 없었던 것입니다. 교황은 우선적으로 변방 국가들이나 분쟁 지역을 방문하여 가난한 이들에 대한 관심을 일깨우고 화해와 평화를 촉구했습니다.

교황은 2014년 5월 24일부터 26일까지 사흘간의 일정으로 요르단과 팔레스타인, 이스라엘을 방문했습니다. 영토와 종교 문제로 뿌리 깊은 갈등을 겪는 이 지역에 평화와 종교 간 대화의 중요성을 부각하기 위한 방문이었는데, 특히 자신의 오랜 친구인 아르헨티나의 유대교 랍비와 무슬림 지도자와 동행했습니다. 요르단에서는 국왕 만찬의 초대를 정중히 거절하고 난민촌을 방문했고, 이전 교황들과는 달리 이스라엘을 거치지 않고 팔레스타인 땅으로 곧바로 들어갔습니다.

프란치스코 교황은 2014년 8월 14일부터 8월 18일까지 4박 5일의 일정으로 우리나라를 사목 방문했습니다. 전임 교황인 베네딕토 16세는 임기 중에 아시아를 제외한 다른 대륙을 모두 방문했는데, 프란치스코 교황은 이를 의식한 듯 아시아 방문을

2014년 8월 16일, 윤지충 바오로와 동료 순교자 123위 시복 미사를 위해 서울 광화문 광장에 들어서는 모습.

서둘렀습니다. 제6회 아시아 청년 대회의 참석 요청에 응답하는 방식으로 방한한 교황은 청년 대회 폐막 미사를 비롯해 '윤지충 바오로와 동료 순교자 123위 시복 미사'와 '평화와 화해를 위한 미사'를 집전했습니다. 특히 그해 4월 16일에 일어났던 세월호 참사로 큰 고통을 겪고 있는 희생자 가족을 비롯해 장애 아동들, 일본군 위안부 피해자 할머니들, 평신도들, 수도자들, 한국 이웃 종교 대표들을 만나 위로와 치유, 화해와 평화의 메시지를 전했습니다.

같은 해 9월 21일, 프란치스코 교황은 하루 일정으로 알바니아의 수도 티라나를 방문했습니다. 알바니아는 공산 정권으로부터 오랫동안 고통을 당한 곳으로 유럽의 최빈국 중 하나입니다. 교황이 이탈리아를 제외하고 유럽 지역을 공식 방문한 것은 알바니아가 처음입니다. 11월 28일부터 30일에는 이슬람 국가인 터키를 방문하여 이슬람과의 대화와 화합을 촉구했습니다. 교황은 이스탄불에서 블루 모스크를 방문해 이슬람 최고 지도자 라흐미 야란 등과 만나 그들과 함께 기도했습니다.

2015년의 사목 방문은 1월 13일부터 19일까지 스리랑카와 필리핀 순방으로 시작되었습니다. 교황은 불교와 힌두교 간의 오랜 내전으로 깊은 상처를 입은 불교 국가 스리랑카에서 화해와 평화의 회복을 역설했습니다. 이어서 방문한 필리핀에서는 가난한 이들과 가정에 초점을 맞춘 메시지를 전했습니다. 6월 6일에는 하루 일정으로 보스니아 헤르체고비나의 수도 사라예보를 방문하여 20여 년 전에 벌어진 내전의 상처를 치유하기 위한 미사를 집전했습니다.

7월 5일부터 12일에는 남미의 에콰도르와 볼리비아, 파라과이 3개국을 방문했습니다. 프란치스코 교황이 유럽에서 알바니아와 보스니아 헤르체고비나를 선택한 것처럼 라틴 아메리카에서도 변방 국가부터 방문한 것입니다. 세 나라 모두 부의 불공정한 분배로 인해 빈부 격차가 심한 최빈국이라는 사실을 염두에 둔 듯, 교황은 자본주의의 물신 숭배 풍조를 강하게 비판했습니다. 볼리비아에서는 돈에 대한 무절제한 탐욕과 그에 따른 부정적 결과를 '악마의 배설물'에 비유하면서 "자본주의의 탐욕적 속성이 빈부 격차와 기후 변화를 초래하는 구조적 원인"이라고 질타했습니다. 파라과이에서는 자본주의의 문제점을 '금전 숭배'와 '비인간적 경제의 독재'로 규정하고 "인간의 생명을 '돈의 제단'에 희생시키는 경제 모델에 굴복해서는 안 됩니다."라고 일갈했습니다. 그러면서 경제 발전과 부의 창출이 보다 '인간적인 모습'을 지닌 경제 모델, 소수 일부가 아닌 모든 이에게 그 혜택이 돌아가는 경제 모델이 필요하다고 역설했습니다.

  9월 19일부터 22일에는 쿠바를 방문해 "이제는 이념이 아니라 사람을 위해 봉사해야 합니다."라고 호소하며 화해와 조화를 촉구했습니다. 교황은 쿠바 방문에 이어 9월 23일부터 27일까지 세계 자본주의의 중심인 미국을 방문했습니다. 교황은 워싱턴 D. C. 미 의회 상하원 합동 연설과 뉴욕 유엔 총회 연설에서 강대국 탐욕과 불평등을 심화시키는 국제 금융 기구 시스템을 비판하며 정치 지도자들은 인류의 공동선을 위해 일해야 할 책임이 있다고 지적했습니다. 아울러 가난한 이들과 인간 생명에 대한 존엄성이 모든 국내외 정치 경제 정책의 최우선적인 고려 사항이 되어야 한다고 강조했습니다. 또한 교황은 자신도 이민자의 아들이라고 하면서 이주민에 대한 열린 자세, 국제 평화, 인간을 포함한 생태계의 보호를 위한 노력을 촉구했습니다.

필라델피아에서 열린 제8차 세계 가정 대회에 참석한 교황은 오늘날 가정이 물질적 · 정신적으로 많은 어려움에 처해 있다는 것에 공감하면서도 희망을 잃지 말라고 권고했습니다. 가정은 하느님이 최고의 피조물인 인간에게 주시는 은총의 선물로, 그분이 가정에 함께하시고 끊임없이 사랑을 부어 주시기에 희망을 가질 수 있다고 격려하기도 했습니다.

프란치스코 교황은 2015년 11월 25일부터 30일까지 첫 번째 아프리카 순방을 했습니다. 케냐를 시작으로 우간다, 중앙아프리카 공화국 순으로 3개국을 방문했는데, 세 나라 모두 이슬람 급진 무장 세력의 공격과 내전 등으로 인해 치안이 취약한 상황이었습니다. 그래서 이곳 방문을 앞두고 교황의 안전에 대한 우려의 목소리가 많았지만, 교황은 개의치 않고 계획대로 방문을 강행했습니다.

2015년 9월 24일, 미 의회를 방문한 프란치스코 교황.

　11월 25일, 첫 순방지인 케냐에 도착한 교황은 케냐를 비롯한 아프리카 지역에서 민주주의를 공고하게 하기 위해서는 서로 다른 부족과 종교인 사이에 신뢰를 쌓고 화합할 필요가 있다고 강조했습니다. 두 번째 방문지인 우간다에서는 11월 28일 우간다 성인 22위의 시성 50주년 기념 미사를 집전했습니다. 교황은 미사 강론에서 "순교자 현양은 기념일에 이들을 기념하는 것뿐만 아니라 일상의 삶으로 나타나야 합니다. 또한 정의로운 행동과 가족, 이웃, 일터 및 사회에서 사랑의 보살핌으로 이어져야 합니다."라고 촉구했습니다.

11월 29일, 프란치스코 교황은 마지막 방문지인 중앙아프리카 방기 대성당에서 대림 제1주일 미사를 주례하면서 자신이 선포한 '자비의 특별 희년'을 개막하는 성년문을 열었습니다. 미사 강론 중에는 불의한 방법으로 무기를 사용하는 이들에게 죽음의 도구를 내려놓으라고 촉구하면서 그 대신 진정한 평화를 보장할 수 있는 정의와 사랑, 자비로 무장하라고 호소했습니다. 아울러 교황은 중앙아프리카 공화국의 가톨릭 지도자뿐만 아니라 복음주의 교회, 이슬람 지도자들을 만나 격려하기도 했습니다.

자비의 때

프란치스코 교황의 사목 방문에서도 잘 드러나듯이, 교황은 가난한 이들과 세계 평화에 큰 관심을 두고 있습니다. 또한 가정도 교황의 주요 관심사 중 하나입니다. 취임 초부터 가정에 대해 많은 발언을 했던 교황은, 이 주제가 세계 주교 시노드에서 심도 깊게 논의되기를 원했습니다. 그에 따라 현대 세계의 가정과 가정 사목을 논의하기 위해 2014년 10월, 세계 주교 시노드 제3차 임시 총회가 소집되었고, 이어서 2015년 10월 4일부터 3주 동안 제14차 세계 주교 시노드가 개최되었습니다. 세계 주교 시노드에서는 동성애, 이혼 후 재혼자의 영성체 문제를 포함해 경제적 이유로 갈라진 가정, 가정 폭력 등 현대 세계에서 가정이 처한 여러 긴급한 문제들이 폭넓게 다뤄졌습니다.

프란치스코 교황의 또 다른 주요 관심사는 자비로서, 이는 교황의 강론에 자주 등장하는 주제입니다. 교황은 사목 표어로 '자비로이 부르시니 Miserando Atque Eligendo'라는 구절을 정했는데, 이 사목 표어는 원래 예수님이 마태오를 사도로 부르신 일(마태 9,9-13 참조)에 관해 베다 성인이 언급한 데서 유래한 말입니다. 성인은 세리 마태오에 관해 강론하며 "예수님은 세리를 자비 가득한 사랑의 눈길로 바라보시며 그를 부르셨습니다."라고 말했습니다.

교황은 2014년 3월 16일, 로마의 본당 신부들에게 한 설교에서 지금은 '자비의 때'라고 확신한다면서, 이는 요한 바오로 2세 교황이 직관한 사실이라고 주장했습니다. 그러면서 2000년에 요한 바오로 2세가 하느님의 자비에 대한 환시와 메시지를 받았던 파우스티나 코발스카 수녀의 시성식에서 행한 강론을 인용했습니다. "이 지상에서 인간의 미래는 어떻게 전개될까요? 우리는 전혀 알 수 없습니다. 하지만 분명한 것은 새로운 발전이 있겠지만 불행하게도 그에 비례하는 고통스러운 체험도 뒤따를 것이라는 사실입니다. 그럼에도 파우스티나 수녀가 받은 은사를 통해 주님이 세상에 다시 전해 주고자 하신 하느님 자비의 빛은 삼천년기의 인류 여정을 비추어 줄 것입니다."

자비에 대한 교황의 각별한 관심은 특별한 결정으로 이어졌습니다. 하느님의 자비 주일인 2015년 4월 11일에 발표된 칙서 〈자비의 얼굴〉을 통해 2015년 12월 8일부터 2016년 11월 20일까지 진행되는 '자비의 특별 희년'을 선포한 것입니다. 이 칙서에서 교황은 다음과 같이 말했습니다. "우리는 특별히 주님의 자비에 주의를 기울여 우리 자신이 자비를 베푸시는 아버지의 뚜렷한 표지가 되도록 부름 받을 때가 있습니다. …… 이 특별 희년에 신자들이 더욱 힘차고 효과적인 증언을 하여 교회에 은총의 때가 되기를 바랍니다." 교황의 관심은 특별 희년에 모든 이들이 하느님의 선하심과 자비로운 사랑을 체험할 기회를 갖고 그것을 증언하는 데에 있습니다.

프란치스코 교황은 가난한 이들, 자비, 세계 평화, 가정, 환경 등에 지대한 관심을 갖고 교회의 쇄신은 물론 세상의 변화를 이끌어 내기 위해 총력을 기울이고 있습니다. 이를 위해 현실의 문제를 구체적으로 지적하면서 때로는 파격적으로 비춰지는 말과 행동도 마다하지 않습니다. 이런 모습은 전 세계적으로 많은 이들의 호의적인 반향을 불러일으키고 있습니다. 또한 신앙에 회의적이고 교회에 대한 불신을 품은 이들이 다시 신앙과 교회에 마음을 열게 하는 계기가 되고 있습니다.

프란치스코 교황이 이렇게 말하고 행동할 수 있는 것은 훌륭한 선임자들이 닦아 놓은 길이 있었기에 가능한 일입니다. 그분은 '돌연변이'처럼 갑자기 등장한 것이 아닙니다. 프란치스코 교황이 보이는 '새로움'은 이미 전임 교황들의 말씀과 행동에 '씨앗'처럼 포함되어 있었습니다. 그분들이 교회를 새롭게 하고자 꾸준히 노력하지 않았다면, 프란치스코 교황의 출현도 어려웠을 것입니다.

20세기에 들어서서 교황의 직무 수행에서 새로운 전기를 마련한 인물은 요한 23세 교황입니다. 요한 23세는 제2차 바티칸 공의회를 소집하여 가톨릭 교회를 새롭게 하는 데에 큰 공헌을 했을 뿐만 아니라 새로운 교황의 모습을 보여 주었고, 지금도 많은 이들로부터 존경과 사랑을 받고 있습니다. 요한 23세를 이야기할 때 그의 전임자였던 비오 12세 교황을 언급하지 않을 수 없습니다. 비오 12세는 요한 23세와 여러 면에서 대조가 되는데, 그 당시에는 '거목'과 같은 인물로 큰 존경을 받았습니다.

Pius XII

전통과 규율을 수호한 신념의 교황

1939년 3월 2일 선출
1958년 10월 9일 선종
2009년 12월 19일 하느님의 종 선포

격동기의 교황
비오 12세

'에우제니오 파첼리'라는 이름의 비오 12세 교황은, 1876년 3월 2일, 대대로 교황청에서 활동해 온 로마의 법률가 집안의 아들로 태어났습니다. 1899년 4월에 사제품을 받고 1901년, 교황청 국무성에 들어가서 일했는데, 1904년부터 1916년까지는 교회 법전 편찬에 참여했고, 그 기간 중 몇 년 동안 교황청 외교관 학교에서 국제법을 강의하기도 했습니다. 1917년에 독일 주재 교황 대사에 임명되었고, 1920년에는 베를린 주재 교황 대사에 임명되었습니다. 1930년에는 교황청 국무원장에 임명되어, 교황이 될 때까지 10년 가까이 재직했습니다.

파첼리 추기경은 1939년 3월 2일에 제260대 교황으로 선출되었습니다. 선거 당일 3차 투표에서 선출되었는데, 이 시기는 제2차 세계 대전이 임박한 때로서 세계정세가 매우 불안정했습니다. 추기경들은 거룩한 인품과 뛰어난 외교 능력을 지닌 그가 무신론적 공산주의와 나치 정권으로 인해 큰 어려움이 예상되는 시기에 교회를 인도할 적합한 인물이라고 여겼던 것입니다. 비오 12세의 재위 기간은 세계사적인 격동기였는데, 교황은 1958년에 선종할 때까지 20년간 교황 직무에 관한 강한 사명 의식을 지니고 열성적으로 일했습니다.

평화에 대한 갈망

비오 12세가 교황으로 선출된 지 6개월 만인 1939년 9월 1일, 독일의 나치 정권이 폴란드를 침공하면서 제2차 세계 대전이 시작되었습니다. 교황은 마지막 순간까지 전쟁 발발을 저지하려고 애썼으나 결국 실패로 돌아가자, 이탈리아의 베니토 무솔리니 수상이 1940년 6월 10일에 제2차 세계 대전에 참전하기 전까지 이탈리아의 전쟁 개입을 막기 위해 많은 노력을 기울였습니다.

1939년 3월 12일, 교황 가마인 세디아 게스타토리아를 타고 성 베드로 대성전으로 향하는 모습.

전쟁이 일어나자, 비오 12세 교황은 비극적인 사건에 대해서 비판의 목소리를 냈습니다. 1940년 1월 18일, 폴란드에서 약 1만 5천 명의 민간인이 희생당했다는 소식을 접한 교황은 라디오 방송을 통해 "힘없고 죄 없는 사람들에게 결코 용납할 수 없는 끔찍하고 잔혹한 행위가 저질렀다는 사실이 실제 목격자들의 증언으로 확인되었습니다."라고 발표했습니다. 1942년 성탄절 메시지에서 비오 12세는 "어떤 잘못도 저지르지 않았는데도, 단지 국적이나 인종 때문에 수많은 이들이 죽음으로 내몰려 점진적 멸종을 맞고 있습니다."라고 비판했는데, 이 말은 나치 독일의 유대인 대학살을 우회적으로 비난한 것이었습니다. 교황은 이런 비판과 경고만이 아니라 '교황청 구제위원회'를 통해 희생자들, 특히 전쟁 포로를 구제하기 위한 방대한 계획을 수립해 실시했습니다.

비오 12세 교황은 로마가 전쟁의 피해를 입지 않도록 모든 노력을 기울였습니다. 1943년 7월 19일, 연합국 공군이 로마 시가지에 큰 폭격을 감행했는데, 그로 인해 무고한 민간인 수백 명이 희생되었습니다. 교황은 공습이 끝난 후에 크게 훼손된 산 로렌초 푸오리 레 무라 성당을 찾아가 그 지역 주민들을 위로하며 복구 자금을 지원했습니다. 다음 날인 7월 20일, 비오 12세는 외교 채널을 통해 미국의 루스벨트 대통령에게 항의의 뜻을 전달했습니다. "이 거룩한 도시의 주교로서 나는 나의 사랑하는 로마가 무너지는 것을 끝까지 막아 보려고 노력했습니다. 그러나 이러한 간절한 염원은 슬프게도 좌절되고 말았습니다."

  1944년 6월 4일, 연합군이 독일군으로부터 로마를 탈환했는데, 독일군은 이탈리아 북부로 퇴각하면서 로마를 폭격하거나 유서 깊은 건물들을 파괴하지 않았습니다. 이처럼 로마가 전쟁의 피해를 크게 입지 않았던 데에는 비오 12세 교황의 공로가 컸습니다. 교황은 독일과 연합국들에게 역사와 전통이 깊은 로마를 '열린 도시'로 인정해서 전쟁의 피해를 입지 않게 해 달라고 호소했던 것입니다. 양편 모두 로마를 파괴한 죄로 역사에서 비난을 받게 되는 것이 두려웠기 때문에 교황의 호소를 받아들이지 않을 수 없었습니다. 이런 노력 덕분에 교황은 로마를 구한 영웅으로 칭송을 받게 되었는데, 심지어 공산주의자들까지도 교황에게 환호를 보냈습니다.

  그러나 종전 후에 비오 12세 교황은 나치의 유대인 박해에 대한 단호한 입장을 표명하지 않았다는 이유로 사람들에게 비난을 받았습니다. 독일의 극작가 롤프 호흐후트(1931년 출생)는

1963년에 초연되어 선풍적 인기를 얻은 〈대리인〉이라는 희곡에서 비오 12세를 양심이라고는 전혀 없는 권력의 책략가로서 유대인의 운명을 차갑게 외면한 사람으로 묘사했습니다. 하지만 그 이후, 연구에 의해 이런 모습은 실제 비오 12세와 일치하지 않다는 것이 밝혀졌습니다.

예를 들어, 유대인 철학자이자 작가로 유명한 베르나르 앙리 레비(1948년 출생)는 1937년에 발표된 비오 11세 교황의 회칙 〈타오르는 근심으로Mit Brennender Sorge〉가 "오늘날까지 나치에 반대한 선언 가운데 단호하고 설득력 있는 것"이라고 주장했는데, 당시에 비오 12세는 국무원장으로서 이 회칙 작성에 적극적으로 참여했습니다. 또한 국무원장으로 재직 중이던 1938년에 자신의 명의로 전 세계 주교들에게, 독일을 탈출한 유대인들에게 비자가 발급되도록 도와 달라는 편지를 보내기도 했습니다.

비오 12세는 히틀러와 나치 정권을 명백히 반대했지만, 전임 교황인 비오 11세와는 달리 공개적이고 강력하게 나치즘을 비난하지 않았습니다. 그렇게 하면 오히려 독일과 그 영향권에 있는 그리스도인과 유대인들에 대해 잔인한 보복이 가해질까 봐 우려했기 때문입니다. 비오 12세는 나치에 대한 공개적인 비난은 자제했지만, 유대인들과 박해받은 다른 사람들을 위한

1944년, 캐나다 왕립 22연대의 군인들과 만나는 모습.

구호와 피난처 제공을 위해 가능한 모든 수단을 강구했습니다.

비오 12세의 이런 노력 덕분에 많은 유대인들이 나치 수용소로 끌려가지 않았습니다. 1943년 9월 10일, 히틀러가 로마를 점령했을 때, 교황은 로마의 수도원들과 봉쇄 구역을 개방하는 등의 방법으로 유대인 수천 명의 목숨을 구했던 것입니다. 나중에 이스라엘의 수상이 된 골다 메이어(1898~1978년)는 1958년에 비오 12세의 공로를 분명하게 인정하는 말을 했습니다. "나치 테러가 횡행하던 그 10년 동안 우리 민족은 끔찍한 수난을 겪었는데, 그때 교황의 목소리가 울려 퍼졌습니다."

비오 12세는 과거 제1차 세계 대전 종전 당시, 승전국들이 패전국들에게 가혹한 조치를 취한 것이 제2차 세계 대전과 같은 끔찍한 결과를 낳게 되었다고 생각했습니다. 그래서 1945년 초에 전쟁이 막바지에 다다르자 이런 비극이 되풀이되지 않도록 연합국 지도자들에게 패전국들을 관대하게 처리해 달라고 호소했습니다.

반공주의 노선

비오 12세 교황은 공산주의가 나치즘보다 훨씬 위험하다고 확신하고 있었습니다. 공산주의의 위험은 제2차 세계 대전이 끝나자마자 동서 냉전이 시작되면서 현실이 되었습니다. 발트 삼국(에스토니아, 라트비아, 리투아니아), 폴란드, 체코슬로바키아, 헝가리, 알바니아, 불가리아, 유고슬라비아, 루마니아 등 동유럽권이 공산화되면서 교회가 모진 핍박과 박해를 받게 된 것입니다. 그곳 교회에서는 주교와 성직자들이 투옥과 국외 추방을 당하는 등 비극적인 사태가 벌어졌습니다. 또한 중국 대륙에 공산 정권이 들어서면서 중국 천주교회는 유례없는 핍박과 박해를 받게 됩니다. 1949년, 교황은 중국 공산당이 중화 인민 공화국을 건국할 무렵에 공개적으로 우려를 표명했으며, 타이완으로 이전한 중화민국 정부에 대한 승인을 거듭 재확인했습니다.

공산 정권에 의해 가톨릭 교회가 큰 손실을 입고 있었지만, 그런 상황을 바꾸거나 막을 수 있는 현실적인 대책은 아무것도 없었습니다. 비오 12세 교황은 공산주의를 공개적으로 비난하면서 철저한 반공주의 노선을 걸어가는 것으로 응대했습니다. 1949년에는 공산당에 가담한 모든 가톨릭 신자에 대해 파문을 선언하는 문헌을 발표하기도 했습니다.

또한 비오 12세 교황은 공산 정권과 대치 중인 대한민국에 큰 관심을 갖고 적극 지원했습니다. 정부 수립 이전인 1947년, 미국 메리놀 외방 전교회의 패트릭 번 신부(1888~1950년, 후에 주교가 됨)를 교황 특사로 임명해 대한민국에 파견했는데, 이는 국제 관례상 교황청이 대한민국을 주권 국가로 승인한 것으로 이해되었습니다. 그뿐만 아니라 비오 12세는 대한민국이 1948년 제3차 유엔 총회에서 한반도 유일의 합법 정부로 승인받은 데에 큰 영향을 미쳤습니다. 자신의 측근인 조반니 바티스타 몬티니 몬시뇰(후에 바오로 6세 교황)과 프랑스 주재 교황 대사 안젤로 주세페 론칼리 대주교(후에 요한 23세 교황)에게 유엔 총회에 참석한 대한민국 대표단을 지원할 것을 명령하는 등 외교적 지원을 아끼지 않았습니다.

당시 유엔 총회의 한국 파견단 대표였던 장면 박사는, 비오 12세 교황의 지원에 힘을 얻어 미국, 중화민국, 필리핀을 비롯해 남아메리카의 가톨릭 국가들인 칠레, 페루, 브라질 등 20여 개 국으로부터 대한민국의 승인을 약속받았습니다. 그 결과 1948년 12월 12일, 유엔 총회에서는 대한민국 승인 결의안이 상정되어 55개국 가운데 찬성 48표, 반대 6표, 기권 1표라는 절대적인 지지로 통과되었습니다. 교황청은 1949년 4월 17일, 대한민국을 정식 승인했으며, 교황 특사로 파견되어 있던 번 주교를 주한 교황 대사로 임명했습니다.

전통과 규율의 중시

비오 12세 교황은 위엄 있는 자태를 지닌, 종교심이 깊고 경건하며 현명한 인물이었습니다. 오랫동안 교황청과 관련된 업무를 해 온 유능한 관료답게, 냉정하게 현실을 직시하는 능력을 갖고 있었습니다. 그래서 주어진 가능성 안에서 모든 결과를 미리 충분히 고려하고 숙고하기 전에는 쉽사리 결정을 내리거나 모험을 감행하지 않았습니다. 매사에 철두철미하고, 중요하다고 생각하는 일은 자신이 직접 결정했습니다. 1944년부터는 국무원장의 업무를 몸소 수행하기도 했습니다.

또한 비오 12세 교황은 교회의 전통과 규율을 매우 중시했습니다. 1950년 8월에는 회칙 〈인류Humani Generis〉를 발표하여 가톨릭 신학이 현대의 지적 사조에 영합하는 것을 경고했습니다. 새로운 신학을 시도했던 프랑스의 명망 있는 신학자들, 이를테면 이브 콩가르, 앙리 드 뤼박, 마리-도미니크 쉐니 신부의 가톨릭 교수 자격을 박탈하기도 했습니다. 교황은 모든 면에서 엄격했고 규제를 강화하면서 교회를 중앙 집권적으로 통치했습니다. 아마도 당시에 위세를 떨치던 갖가지 새로운 사조들과 사상들로 인해 신자들이 혼란에 빠지거나 지역 교회가 흔들리는 것을 방지하기 위해 그런 강력한 방식으로 교회를 이끌어 간 것이라고 추정됩니다.

비오 12세 교황은 가톨릭의 전통적인 신심인 성모 신심이 매우 돈독했습니다. 교황은 1942년, 제2차 세계 대전이 한창일 때 세계를 원죄에 물들지 않는 마리아의 성심께 봉헌했습니다. 전쟁이 끝난 다음 '마리아 여왕 축일'을 제정했으며, 1950년 11월 1일에는 성모 승천을 믿을 교리로 선포했습니다. 또한 1954년에는 성모 성년을 선포했습니다. 이 시기에 수많은 이들이 로마를 방문했고, 교황은 공개 알현을 통해 신자들에게 깊은 인상을 주었습니다.

작은 변화들

전통과 규율을 중시했던 비오 12세 교황은 '개혁'과 '개방'과는 거리가 있었습니다. 하지만 그의 재위 중에 개혁과 개방에 관련해서 교회 내에 의미 있는 변화가 일어났습니다.

예를 들면, 비오 12세 교황은 1939년에 〈중국 의례에 관한 훈령Plane Compertum est〉을 통해 16세기 이래로 가톨릭 교리에 어긋난다고 하여 오랫동안 금지되었던 동아시아의 조상 제사를 허용했습니다. 이 훈령으로 조상 제사는 유교 문화권의 풍속임을 인정하면서 가톨릭 교리를 거스르는 것이 아니라고 선언한 것입니다. 이런 조치로 과거에 조상 제사를 거부하여 박해를 받았던 한국 천주교회에서도 신자들이 제사를 지낼 수 있게 되었습니다.

1943년에는 회칙 〈그리스도의 신비체Mystici Corporis Christi〉가 발표되었는데, 교황은 이 문서를 통해 교회를 피라미드 모양의 성직자 계급 제도로 생각할 것이 아니라 그리스도의 신비체로 보기를 권고했습니다. 같은 해에 발표된 회칙 〈성령의 영감〉에서 교황은 새로운 연구 방법인 역사 비평적 방법론을 성경

연구에 적용해도 좋다고 허락했습니다. 또한 교회 일치 운동에 대해서 전임 교황들의 부정적인 태도를 다소 완화했습니다. 1949년에 발표된 훈령 〈가톨릭 교회Ecclesia Catholica〉는 개신교에서 먼저 시작된 교회 일치 운동을 성령의 은총에 힘입어 추진되는 운동으로 인정하면서, 이와 관련한 유의 사항과 권고 사항을 제시했습니다.

비오 12세 교황은 교회를 로마 교황청 중심으로 이끌어 가면서도 종래의 이탈리아인 중심의 추기경단을 다른 나라 성직자들에게도 개방했습니다. 1946년에는 32명, 1953년에는 24명의 추기경을 임명했는데, 추기경들의 출신 국가는 다양해졌고 이탈리아 출신은 3분의 1로 축소되었습니다. 비오 12세에 의해 추기경단의 세계화가 시작된 것입니다. 또한 교황의 재위 중에 가톨릭 교회의 해외 선교 활동도 매우 활발하게 이루어져서 전 세계에 산재한 교구 수가 1939년 1,696개에서 1958년에는 2,048개로 증가했습니다.

또한 비오 12세는 지속적으로 연설, 훈화, 회칙 등을 통해 교회와 세상에 필요한 메시지를 전했는데, 이를 위해 라디오와 텔레비전을 효과적으로 이용한 첫 번째 교황이었습니다. 나중에 바오로 6세 교황이 된 몬티니 몬시뇰은 1937년부터 1954년까지 비오 12세의 최측근 비서로 일했는데, 비오 12세를 매우 높이 평가하며 이렇게 말했습니다. "내 직책상, 이 위대한 최고 목자의 사상, 아니, 마음속을 알 수 있었습니다. 비오 12세의 상냥한 외모, 언제나 세련되고 적절한 대화에는 강한 힘과 굽히지 않는 용기를 지닌 고결하고도 남자다운 태도가 숨어 있었음을 여러 가지 예를 들어 말할 수 있습니다."

높은 도덕적 권위

비오 12세 교황은 전통과 규율을 중시하면서도 개방적인 모습도 보였습니다. 그래서 교황의 노선은 보수와 진보를 지혜롭게 종합한 것이라는 평가를 받기도 합니다. 전체적으로 볼 때 비오 12세는 확고한 신념으로 격동기의 교회를 이끌어 나가면서 전 세계적으로 높은 도덕적 권위를 지닌 큰 인물이었습니다. 비오 12세를 통해 가톨릭 교회의 국제적 위상도 한층 높아졌습니다.

비오 12세 교황은 1958년 10월 9일에 카스텔 간돌포에 있는 교황의 여름 별장에서 선종했습니다. 장례를 치르기 위해 교황의 시신을 모신 행렬이 로마에 입성하자, 수많은 로마 시민들이 교황을 추모하고자 일제히 거리로 몰려나왔습니다. 비오 12세를 이어 후임 교황이 된 안젤로 론칼리 추기경은, 10월 11일 자 자신의 일기에서 과거 로마 황제도 이와 같은 개선식은 누리지 못했다면서, 이렇게 웅장한 개선식은 비오 12세가 영적 세계의 통치자로서 가졌던 위치를 잘 드러낸 것이라고 적었습니다. 이후 시복 시성 조사를 거쳐, 비오 12세 교황은 2009년 12월 19일, 베네딕토 16세 교황에 의해 복자의 전 단계인 하느님의 종으로 선포되었습니다.

비오 12세 교황은 세계사적 격동기라는 격랑 속에서 '베드로의 배'가 항로에서 벗어나지 않도록 키잡이 역할을 훌륭하게 수행했습니다. 하지만 새로운 항로를 개척하는 임무는 그가 아니라 후임자인 요한 23세 교황의 몫이었습니다.

두 교황은 여러 가지 면에서 대조가 됩니다. 요한 23세가 베네치아 대교구 교구장이었을 때부터 임종 때까지 10년간 개인 비서로 일했던 로리스 카포빌라 추기경(1915년 출생)은 두 교황을 이렇게 비교했습니다. "비오 12세가 위대한 교황이었다면, 요한 23세는 좋은 교황이었다. 비오 12세가 위대한 정신의 소유자였다면, 요한 23세는 위대한 마음씨의 소유자였다. 정신은 사람을 납득시키지만 마음은 사람을 정복한다."

Joannes XXIII

교회에 현대적 대변혁을 일으킨 교황

1958년 10월 28일 선출

1963년 6월 3일 선종

2014년 4월 27일 시성

새 시대를 연 교황
요한 23세

    요한 23세 교황의 이름은 '안젤로 주세페 론칼리'로, 1881년 이탈리아 베르가모 시의 북부 산골 마을인 소토 일 몬테에서 가난한 농부의 열세 자녀 중 넷째로 태어났습니다. 그는 자신이 가난하지만 겸손한 사람의 자녀로 태어났다며, 가난한 서민 가정 출신이란 사실을 한 번도 잊은 적이 없다고 말할 정도로 평생 자신의 부모와 가족에 대한 자부심을 갖고 있었습니다.

다양한 인생 경력

론칼리는 1904년에 사제품을 받았습니다. 그리고 그다음 해부터 자신의 출신 교구인 베르가모의 교구장 라디니 테데스키 주교의 비서가 되어 10년 가까이 일했습니다. 그는 교구장 주교의 적극적인 사회 활동을 옆에서 열심히 도왔는데, 그 때문에 상류층의 비난을 받기도 했습니다. 교구장 비서로 있으면서 베르가모 신학 대학에 출강하여 교부학과 교회사를 강의하기도 했습니다. 그가 정신적 아버지로 여겼던 라디니 테데스키 주교가 1914년 여름에 세상을 떠나자, 500쪽에 달하는 전기 《나의 주교님》을 집필해 헌정했습니다.

1914년, 제1차 세계 대전이 발발하자, 론칼리 신부는 이탈리아 왕립 육군에 징집되어 부사관의 계급을 받고 군종 업무를 수행했는데, 주로 전쟁터에서 후송된 부상병들을 돌보는 일을 했습니다. 그는 전쟁의 참상을 생생하게 목격하면서 종종 무릎을 꿇고 어린아이처럼 울 정도로 괴로워했습니다. 전쟁의 잔혹함에 대한 직접적인 체험은 론칼리 신부가 세계 평화에 대한 갈망을 갖는 계기가 되었습니다.

1921년, 베네딕토 15세 교황은 론칼리 신부에게 로마 교황청 포교성성에 소속된 선교회를 근대화하고 국제화하는 임무를 맡겼습니다. 론칼리 신부는 수년간 유럽 전역을 두루 다니면서 성공적으로 책임을 수행했습니다. 교회사에 해박했던 그는 로마 라테라노 대학교 교수로 임명을 받았지만, 진보주의자로 의심을 받아 한 학기도 채우지 못한 채 해임되었습니다. 이즈음 대학생을 지도하면서 용감하게 파시스트와 맞서 싸우던 몬티니 신부를 알게 되었고, 그와 평생 친구 관계를 유지합니다. 몬티니는 나중에 론칼리의 후임으로 선출되어 바오로 6세 교황이 됩니다.

론칼리는 1925년에 불가리아 수도 소피아 소재 '사도좌 순시관'으로 임명되어 주교품(사목 표어는 '순명과 평화')을 받고 그곳으로 가서 10년간 근무했습니다. 1935년에는 그리스와 터키 주재 교황 사절로 임명받아 이스탄불에서 근무하게 되었습니다. 론칼리는 외교관 수업을 받은 적이 없었지만, 가톨릭 신자들이 소수인 동방 지역에서, 그것도 가톨릭에 호의적이지 않은 어려운 여건에서 자신의 임무를 충실하게 수행하여 좋은 결실을 맺게 되었습니다. 그는 가톨릭 신자가 소수인 지역에서 불신과 경계의 장벽을 넘어, 정부와 동방 교회와의 대화를 추구하면서 정부 관계 인사 등 다른 이들과 서로를 이해하고 존중하는 길을 개척했습니다. 이런 경험은 교황이 된 후에 가톨릭 교회의 울타리를 넘어서 대화와 개방의 길을 가는 데에 밑거름이 되었을 것입니다.

론칼리 대주교는 태생적으로 보수적이며 전통적인 신심을 소중하게 여기는 인물이었습니다. 하지만 겸손한 마음을 지닌 그는, 생각이 다른 사람들에게 기회를 주고 반대편을 존중하면서 함께 가고자 했습니다. "나는 다른 사람과 충돌을 피하기 위해 그 사람이 내 앞으로 지나가도록 뒤로 물러서지 않고, 그 사람과 보조를 맞추어 같이 걸어가는 것을 좋아합니다." 상대를 불신하면서 경계를 긋고 담을 쌓는 것은 그의 방식이 아니었습니다. 또한 배우려는 자세와 호기심을 가지고 있었고 대화를 무척 좋아했습니다. 그래서 항상 대결보다는 대화를 추구하고 차이점보다는 공통점을 더 발견하려고 했습니다. 그는 이런 자세로 동방 교회 성직자들은 물론, 종교에 친화적이지 않았던 정부 관계자들과도 친교를 맺고 다음 임지로 떠나게 되었습니다.

1944년, 론칼리 대주교는 파리 주재 교황 대사로 임명을 받았습니다. 변방의 외교관에서 중앙 무대로 진출한 셈이었습니다. 본래는 아르헨티나의 교황 대사가 내정된 자리였지만, 그가 건강상 수락을 할 수 없다고 해서 차선책으로 론칼리가 임명된 것이었습니다. 나중에 이 사실을 알게 된 론칼리는 약간 자조적으로 다음과 같이 말했습니다. "말들이 주저앉을 때에는 당나귀를 내놓게 되는 거지."

론칼리 대주교는 파리에서 제2차 세계 대전 직후에 당면한 여러 가지 어려운 문제들을 수습했습니다. 드골 장군이 이끄는 해방 정부는 나치와 협력한 것으로 보이는 25명의 주교 명단을 론칼리 대주교에게 주며 그들을 바티칸으로 소환하기를 원했습니다. 그러나 그들에 대한 혐의를 조사한 대주교는 실질적인 증거를 찾지 못했고, 10개월 동안 드골 장군과 협상한 끝에 주교 세 명만 자진 사퇴하는 선에서 문제를 마무리 지었습니다. 또한 프랑스 내에 독일군 포로수용소가 여러 곳이 있었는데, 론칼리 대주교는 독일인 신학생들이 한곳에 모여 신학 교육을 계속 받을 수 있도록 물심양면으로 후원해 주었습니다. 1947년 성토요일에는 수용소에서 독일인 신학생 두 명을 사제로 서품하기도 했습니다.

론칼리 대주교는 1953년 1월, 추기경으로 서임되는 동시에 베네치아의 총대주교로 임명되었습니다. 그는 자신의 추기경 서임에 대해 담담하게 반응했습니다. "자색 추기경복의 권력자들 가운데에는 성인도 있지만 악인도 있었습니다." 3월

15일, 곤돌라를 타고 베네치아에 입성한 그는 취임 인사 중에 이런 말을 했습니다. "다정다감하게 마음을 열고 모든 사람과 이야기하고, 또 남을 잘 이해한다고 자부하는 제가 여러분의 형제가 되고 싶어 여러분에게 인사를 드리니 너그럽게 보아 주시기 바랍니다." 베네치아 사람들의 마음을 활짝 여는 인사말이었습니다.

론칼리 추기경은 취임 인사에서 언급한 대로 교구의 모든 본당을 방문하여 미사를 드렸습니다. 또한 다양한 계층의 사람들을 격의 없이 만났습니다. 그는 자주 거리에 나가서 사람들과 어울리면서 자가용 모터보트가 아니라 대중교통을 이용하여 승객들과 자연스레 이야기하는 것을 좋아했습니다. 하지만 그는 원칙 없이 마냥 좋기만 한 인물은 아니었습니다. 신앙과 도덕이 근본적으로 위협을 받을 경우에는 결코 물러서지 않았습니다. 한번은 베네치아 시 당국이 해변에 있는 카지노를 시내 한가운데 있는 광장으로 이전하려다가 론칼리 추기경의 완강한 반대에 부딪혀 계획이 무산된 일이 있었습니다. 또한 교구 신부들이 저질 방송 프로그램을 보느라 사제 본연의 임무인 사목을 소홀히 해서는 안 된다는 이유로 텔레비전 소유를 금지하기도 했습니다. 론칼리 추기경은 새로운 관점의 신학적·정치적 경향에 열린 자세를 보였지만, 시류에 영합하지 않고 교회가 지켜 온 신앙을 굳건하게 견지한 것입니다.

1957년, 론칼리 추기경은 착실한 준비 끝에 3일 동안 베네치아 교구 시노드를 개최했습니다. 그는 '정신적 부권父權'이라는 주제의 연설에서 의미심장한 말을 했습니다. 그는 "권위적인 태도가 삶의 숨통을 조이고 있습니다. 가부장적인 배려는 아버지라는 존재의 희화화입니다. 가부장적인 태도는 자신의 우월성을 지키기 위해 인간을 미성숙하게 만듭니다."라고 지적하고 "그런 태도는 아랫사람의 권리를 존중하지 못하게 합니다."라고 꼬집었습니다. 이는 당시 교황청의 권위주의적 행태에 대한 우회적 비판으로 해석될 수 있는 발언이었습니다.

과도기적 인물?

비오 12세 교황이 선종한 후, 론칼리 추기경이 1958년 10월 28일 11번째 투표에서 제261대 교황으로 선출되었습니다. 그는 교황 선출 직후 교황명을 무엇으로 할 것인지에 대한 물음에 "요한으로 하고 싶습니다."라고 대답했습니다.

론칼리 추기경은 19세기 이래로 자주 사용된 교황명 '비오', '베네딕토', '레오' 등이 아니라 '요한'을 선택한 이유에 관해 이렇게 설명했습니다. 자신의 아버지 이름이 요한이고, 자신이 세례를 받은 고향 마을 성당이 성 요한 성당이며, 로마의 성 요한 라테라노 대성전을 비롯해 전 세계의 수많은 대성당이 요한이란 이름을 지녔다는 아주 평범한 이유를 들었습니다. 그러면서 또 다른 이유도 제시했습니다. "이 이름은 수많은 역대 교황들 중 가장 많은 교황들이 선택한 이름이기도 합니다. 실제로 요한이라는 이름을 가진 교황은 스물두 명이나 있었습니다. 사실 이분들은 모두 임기가 짧았지만 정통성이 있는 분들이었습니다."

론칼리 추기경이 요한 23세라는 이름을 선택한 데에는 베드로 후계자 명단과 관련된 불미스러웠던 일을 해결하기 위한 목적도 있었습니다. 이미 15세기 초에 요한 23세라는 이름의 교황이 있었습니다. '아비뇽 유배'(1309년, 클레멘스 5세 교황이 프랑스 아비뇽으로 교황청을 옮긴 후, 1377년, 그레고리오 11세 교황이 로마로 돌아갈 때까지 아비뇽에 머물렀던 사건) 이후 일부 프랑스 추기경들이 프랑스계 교황을 따로 옹립함으로써 두 명의 교황이 대립하는 혼란스러운 상황이 계속되자, 이를 종식시키기 위해 1410년 피사 공의회를 열고 제3의 교황을 선출했는데, 그가 바로 요한 23세입니다. 그런데 그의 선출로도 상황이 바뀌지 않자, 다시 공의회를 소집하자는 목소리가 높아졌습니다. 그러자 요한 23세는 다른 두 교황을 퇴위시키고 자신을 유일의 합법적인 교황으로 인정해 주기를 기대하면서 1414년 콘스탄츠 공의회 소집에 동의했습니다. 하지만 공의회에서 세 명의 교황이 모두 퇴위해야 한다는 의견이 대세를 이루자 도주하여 공의회의 해산을 선언했지만, 결국 체포되어 1415년 퇴위되었습니다. 론칼리는 정통성이 문제시되었던 요한 23세라는 이름을 선택함으로써 베드로의 후계자 명단과 관련된 혼란을 종식시켰던 것입니다.

교황으로 선출될 당시 요한 23세 교황의 나이는 77세였습니다. 추기경단은, 비오 12세가 20년간 강력한 통치를 해 왔기 때문에 후임자는 그렇게 장기간 교황 자리에 머물러 있지 않으면서 강력한 통치를 하지 않을 인물을 원했던 것 같습니다. 대부분의 사람들은 연로한 교황에게 큰 기대를 걸지 않았습니다. 단지 새로운 방향이 설정될 때까지 '숨 고르기 시간'을 벌기 위해 지나가는 인물, 과도기적 인물로 생각했습니다. 요한 23세는 자신에 대한 그런 평가를 듣고 웃으면서 이렇게 대답했다고 합니다. "정말로, 정말로, 이 지상에서는 우리 모두가 지나가는 사람일 뿐입니다."

사람들은 요한 23세 교황을 '별 볼 일 없는' 과도기적 인물이라고 생각했지만, 하느님은 교황을 다른 의미의 과도기적 인물로 만드셨습니다. 한 시대를 보내고 새로운 시대를 여는 인물로 만드신 것입니다. 제2차 바티칸 공의회에서 활약했던 벨기에의 레오 요제프 수에넨스 추기경(1904~1996년)은 요한 23세에 관해 이렇게 회고했습니다. "역사의 관점에서 보면 그분은 새로운 시대를 열고 20세기에서 21세기로 넘어가는 과도기에 경계의 말뚝을 세웠다고 말할 수 있습니다." 이사이의 그루터기에서 햇순이 돋아나게 하신 하느님(이사 11,1 참조)은 연로한 과도기적 인물을 통해 교회에 새로운 시작을 마련하신 것입니다.

착한 목자

요한 23세 교황은 전임자와 같은 군주적 교황이 아니라 자애로운 목자가 되기를 원했습니다. 이미 교황은 선출 직후에 추기경 단장인 유진 티세랑 추기경(1884~1972년)에게 "나는 화려함에 둘러싸여 감옥살이를 하는 사람이 아니라 목자가 되고 싶습니다."라고 말했습니다. 교황은 11월 4일 즉위식 강론에서도 그런 포부를 밝혔습니다. "교양, 현명한 외교 능력, 조직력 등과 같은 자질들이 사도직을 빛나게 하고 풍요롭게 만들지 모릅니다. 하지만 그런 자질들이 모든 양 떼들의 목자가 되는 것을 대

1962년, 제2차 바티칸 공의회의 개막을 앞두고 로레토로 가는 기차 안에서.

체하지는 못합니다."

 착한 목자가 되기를 원한 요한 23세는 전임자들처럼 바티칸에 머물러 있지 않고 로마 시내로 나가 사람들을 만났습니다. 1958년 성탄절에는 예고 없이, '제수 밤비노(아기 예수)' 아동 병원을 방문했습니다. 교황의 '깜짝 방문'에 아이들은 좋아서 어쩔 줄 몰라 하며 서로 교황을 먼저 보겠다고 야단이었습니다. 교황은 "너희 모두를 보려고 왔단다. 잠깐 기다리렴." 하고 말한 후에, 아이들을 차례로 만났습니다. 그러다가 심한 뇌막염으로 시력을 잃은 여섯 살짜리 남자아이의 침대에 이르게 되었습니다. 교황은 침대 가장자리에 걸터앉아 말없이 아이의 창백한 손을 한참이나 쓰다듬어 주었습니다. 그러고는 위로하듯이 이렇게 말했습니다. "얘야, 우리도 모두 눈멀 때가 많단다. 어쩌면 네가 다른 사람들보다 더 많이 볼 수 있는 선물을 받았는지도 몰라."

 이튿날 교황은 로마의 '레지나 첼리(하늘의 여왕)' 교도소를 방문했습니다. 교황은 교황모를 벗어 들면서 이렇게 인사했습니다. "여러분들이 내게 올 수 없어서 내가 여러분에게 왔습니다." 교황은 자신의 어린 시절 이야기와 가족 이야기를 들려주면서 친척 중의 한 사람이 밀렵을 하다가 교도소에 간 적이 있었다는 이야기도 해 주었습니다. 그 이야기에 무거운 분위기는 깨졌고, 교황의 친절한 태도와 깊은 이해심에 죄수들은 교황에 대한 큰 애정과 호감을 갖게 되었습니다.

요한 23세 교황은 교회가 새로운 면모를 지니도록 하나하나 옛 관습을 고쳐 나갔습니다. 교황 선출 다음 날에 교황의 발에 입 맞추는 관습을 중단시켰고, 무릎을 꿇고 교황에게 분향하는 것도 그만두게 했습니다. 또한 교황 알현 때 세 번 무릎 꿇어 인사하는 것도 면제해 주었습니다. 하지만 전통을 존중했기 때문에 화려한 교황 복장을 벗어 버리는 것은 서두르지 않았습니다. 교황이 중요하게 여긴 것은 모두가 그리스도의 말씀에 다시 귀를 기울이고 그 말씀에 따라 살게 하는 것이었습니다.

겸손과 유머

요한 23세 교황은 겸손과 내면의 평화를 유지하면서도 유머가 많았던 인물로 잘 알려져 있습니다. 교황의 유머와 관련해서는 수많은 일화가 있습니다.

요한 23세 교황이 프랑스 교황 대사로 있을 때의 일입니다. 어느 파티 석상에서 대주교 정장을 하고 앉아 있는 론칼리 대주교 앞에 노출이 심한 파티 드레스를 입은 젊은 여인이 자리하고 있었습니다. 사람들은 이 '신기한 조합'을 재미있다는 듯이 힐 긋힐긋 쳐다보고 있었습니다. 론칼리는 여인에게 식탁에 놓인 사과를 먹으라고 여러 번 권했습니다. 그 여인이 왜 자꾸 먹으라고 하느냐고 묻자 그는 이렇게 대답했습니다. "부인, 하와는 사과를 먹고 나서 자신이 벗은 몸이라는 것을 알고 부끄러워했답니다." 론칼리는 여인의 과도한 노출을 점잖게 타일러 준 것입니다.

어느 날, 한 파티 석상에서 짓궂은 장난을 좋아하는 어떤 남자가 론칼리 대주교에게 여자의 나체를 찍은 사진 한 장을 불쑥 내민 일도 있습니다. 아마도 그는 론칼리가 불쾌한 표정을 짓거나 벌컥 화를 내기를 기대했을 것입니다. 하지만 론칼리는 히죽히죽 웃는 그 사내에게 사진을 돌려주면서 담담하게 물었습니다. "부인이신가 보죠?" 그 순간 주위에서는 폭소가 터졌고, 론칼리를 골탕 먹이려 했던 남자는 얼굴이 홍당무가 되어 발걸음을 재촉해야 했습니다.

비오 12세 교황은 훤칠한 키에 크고 귀족적인 외모를 지녔던 반면, 요한 23세 교황은 작고 땅딸한 체구였습니다. 교황 선출 직후, 성 베드로 광장에서 새 교황을 본 어떤 사람은 "잘생기지는 않았지만, 착하게는 생겼다."라고 말했다고 합니다. 어느 날

요한 23세가 취임 초기에 로마 시내에 나갈 기회가 있었는데, 교황의 주위를 둘러싼 사람들 중에서 한 부인이 실망스럽다는 듯이 교황이 너무 늙고 뚱뚱하다고 중얼거렸습니다. 그 말을 들은 교황은 미소를 지으면서 이렇게 대답했습니다. "부인, 교황 선거는 미인 선발 대회가 아니랍니다."

요한 23세는 당시에 턱없이 낮았던 바티칸 직원들의 급료를 인상했습니다. 고위 성직자들 중에서는 이에 불만을 품은 사람도 있었습니다. 한 추기경이 수위가 받는 급료가 자신이 받는 급료만큼이나 된다고 불평을 터뜨렸습니다. 그 말을 전해 들은 교황은 이렇게 대꾸했습니다. "그 수위는 자녀가 열 명이나 된다네. 그런데 그 추기경은 그렇지 않기를 바라네."

오스트리아 빈의 교구장을 역임한 프란츠 쾨니히 추기경(1905~2004년)은 제2차 바티칸 공의회에서 비중 있는 역할을 한 인물로서 요한 23세와도 친분이 깊었습니다. 그는 2005년에 출판된 회고록 《하느님을 향해 세상을 향해》에서 이렇게 술회했습니다. "날마다 맞닥뜨리는 고된 업무들 앞에서 그분이 보여 준 솔직하고 쾌활한 모습과 언제든 대화에 임할 준비가 된 모습, 쉽게 전해지는 그분의 유머 감각을 결코 잊지 못할 것이다."

제2차 바티칸 공의회의 소집

교회 쇄신을 위한 요한 23세 교황의 최대의 업적은 제2차 바티칸 공의회의 소집이었습니다. 요한 23세는 교황이 되면서부터 '교회가 현대 세계에서 어떻게 하면 본연의 소명에 더 충실할 수 있을까?' 하고 고민했고, 그 해답을 찾기 위해 공의회를 개최하기로 결심했습니다. 교황은 1959년 1월 25일, '성 바오로 사도의 회심 축일'에 로마 근교의 성 바오로 성당을 방문했고, 그때 보편 공의회 소집을 공표했습니다. 요한 23세는 자신의 심경을 프란츠 쾨니히 추기경에게 이렇게 토로했습니다.

"올해 1월, 교회 일치를 위한 기도 주간에 그리스도교 교회들이 갈라진 가슴 아픈 현실을 고민하다가 문득 공의회를 소집해야겠다는 생각이 떠올랐습니다. 처음에는 악마가 나를 유혹하고 있다고 생각했습니다. 현 시점에서 공의회는 너무 방대하고 복잡한 기획인 것 같았으니까요. 하지만 그 주간 내내 기도를 하면서 그 생각을 떨칠 수가 없었습니다. 생각은 마음속에서 점점 더 확고하고 분명해져 갔습니다. 마침내 나는 혼자 중얼거렸답니다. '이것이 악마의 유혹일 리가 없지. 성령께서 내게 영감을 주고 계신 것이 틀림없어.'"

공의회 소집에 대한 세계의 반응은 대체로 긍정적이었지만 교황청 내에는 반대하는 이들도 적지 않았습니다. 일반적으로 이전까지의 공의회는 교회 내적 혹은 외적으로 큰 문제가 있을 때 그것을 해결하기 위해 개최되었습니다. 하지만 제2차 바티칸 공의회 직전에는 그런 문제가 없었습니다. 더욱이 전 세계의 주교들이 로마에 운집하게 되면 사람들이 온갖 기대와 꿈, 호기심과 소원을 풀어놓고 그에 대한 의견과 요청, 비판이 쏟아져 나올 것은 불 보듯 뻔한 일이었습니다. 이런 이유로 로마 교황청 내의 일부 인사들은 교황의 결정에 불만을 품고 소극적으로 행동했습니다.

추기경들 중에서도 공의회 소집을 회의적인 시각으로 바라보는 이들이 여럿 있었습니다. 나중에 요한 23세 교황의 후임자가 된 그의 친구 몬티니 추기경도 이에 속합니다. 진보적 인사로 분류되었던 그도 지인과의 전화 통화에서 공의회 소집에 대해 우려하며 이런 말을 했다고 합니다. "이 거룩한 만년 소년은 자기가 말벌 집을 쑤시고 있는 줄 모르는 것 같아."

교황청과 같이 큰 조직은 체질상 안정을 추구하고 새로운 것을 도입하기보다는 기존의 것이 잘 굴러가는 것을 선호하기 마련입니다. 교황청 밖에서 제시하는 어떤 '대안'이나 요한 23세 교황처럼 교황청 실무 경험이 없는 교황이 관습에서 벗어난 생

1962년, 로마 성 베드로 대성전에서 열린 제2차 바티칸 공의회.   사진 ⓒ 가톨릭신문사

각과 행동을 하는 것을 득으로 보지 않고 위협으로 여깁니다. 교황청 관리들은 요한 23세의 마음을 돌려 보려고 이의 제기를 하거나 유화책을 썼지만 교황은 결심을 바꾸지 않았습니다. "공의회는 교황청의 반대에도 불구하고 소집되어야 합니다." 요한 23세의 확고한 의지에 힘입어, 드디어 1962년 10월 11일 세계 각처에서 온 2,500명의 주교들이 모인 가운데 제21차 보편 공의회인 제2차 바티칸 공의회가 개최됩니다.

요한 23세 교황은 공의회를 통해 교회가 오랫동안 지녀 왔던 세상에 대한 부정적 시각과 방어적 자세를 청산하고자 했습니다. 교황은 공의회 개막 연설에서 마치 세상이 멸망 직전에 있는 듯이 언제나 재앙을 예고하고, 이른바 과거의 온전한 세상으로 돌아가고자 하는 '재앙의 예언자들'을 강하게 비판했습니다.

또한 교황은 신앙의 본질과 그것의 역사적인 형태를 구분하면서, 과거로부터 전해 내려온 신앙을 보존하되 어떻게 오늘날의 상황에서 효과적으로 선포해야 할 것인가에 초점을 두었습니다. 공의회의 임무는 과거의 신앙 격식이나 의식들을 단순히 반복하는 것이 아니라 새로운 노력을 통해 현대에 중개하는 것입니다. 한마디로, 전래되어 온 신앙의 본질을 보존하되 현대인들이 이해하고 받아들일 수 있도록 새로운 방식과 표현으로 전하려는 것입니다. 하지만 당시의 교황청 고위 성직자들은 이런 생각을 환영하지 않았습니다. 대표적으로 성무성성(후에 신앙교리성으로 개칭) 장관 알프레도 오타비아니 추기경(1890~1979년)은 '항상 그대로semper idem'라는 모토를 사목 표어로 삼을 만큼 변화를 꺼려 했습니다.

요한 23세 교황은 공의회를 통해 교회가 변화된 세계에서 자기 정립과 쇄신을 이루기를 원했습니다. 교황은 공의회가 할 일은 '먼저 교회를 쇄신함으로써 세상을 쇄신하는 것'이라고 생각했습니다. 또 시대의 사상과 대화하고 갈라진 종파들 간에 보다 긴밀한 교류를 이루려고 했습니다. 이처럼 교황은 다양한 대결 국면을 극복하고자 했습니다.

교회 일치와 종교 간 대화

요한 23세 교황은 전임 교황들이 대단히 유보적인 입장을 보였던 교회 일치 운동을 자신의 주요 관심사로 삼았습니다. 그리하여 1054년에 갈라져 나간 동방 교회와 1517년 루터의 종교 개혁 이후에 생겨난 프로테스탄트와의 일치를 위해 적극적으로 대화를 추구했습니다.

요한 23세 교황은 1959년 6월에 회칙 〈베드로좌를 향하여Ad Petri Cathedram〉에서 다른 그리스도교인들을 '열교인'이라고 칭하기보다는 "스스로 그리스도인이라고 말하면서도 우리와 갈라서 있는 사람들"이라고 표현합니다. 그러면서 이들을 "형제들과 자녀들"이라고 부르면서 "낯선 집이 아닌 함께 살던 자기 부모님 집"으로 돌아오라고 초대합니다. 공의회가 소집된 직후인 1960년 6월에 그리스도인 일치 촉진 사무국을 설립했고, 이 사무국을 통해 다른 그리스도교 종파들에게 제2차 바티칸 공의회에 참관인 자격으로 참석해 줄 것을 요청했습니다.

1961년 6월, 요한 23세 교황은 콘스탄티노플의 아테나고라스 1세 동방 정교회 총대주교에게 사절을 보내 인사를 전했습니다. 그 이전에 1960년 12월에는 영국 성공회의 제프리 피셔 캔터베리 대주교를 교황청에서 영접했습니다. 그는 교황청을 방문한 최초의 성공회 주교가 되었습니다.

또한 요한 23세 교황은 유대교와의 관계 개선을 위해서도 노력했습니다. 이미 비오 12세 교황은 성금요일 전례에서 바치는 기도문들 중의 하나인 '유대인들을 위한 기도'에서 "충실하지 못한"이라는 표현을 "믿음이 없는"이라고 고치게 했습니다. 그런데 1962년 성 베드로 대성전에서 거행된 성금요일 전례에서 한 추기경이 "충실하지 못한 유대인들을 위해 기도합시다."라고 시작되는 옛 기도문을 그대로 바치자, 요한 23세는 전례를 중단시켰습니다. 그리고 그 추기경에게 "기도문을 다시 바치십시오. 새 기도문대로 하십시오!" 하고 명령했습니다.

미국의 유대인들은 이런 교황에게 감사를 표하기 위해 로마를 방문했습니다. 그 자리에서 교황은 성경의 표현(창세 45,4)을 인용하여 "나는 여러분의 형제인 요셉입니다."라는 말로 자신을 소개했습니다. 하지만 이런 행보를 모두가 환영한 것은 아닙니다. 일부 완고한 전통주의자들은 교황이 추진한 교회 일치 노력과 종교 간 대화를 비난하고 배척했습니다. 그들은 교황의 행보가 진리를 상대화하고 경계를 흩뜨린다고 여겼기 때문입니다.

크렘린과의 비밀 접촉

요한 23세 교황은 냉전 시대 한가운데서 세계 평화를 실현하고 '철의 장막' 뒤의 신앙 문제를 풀어 나가기 위해 공산주의자와의 대화를 조심스럽게 시작했습니다. 물론 교황이 공산주의를 인정한 것은 아니었습니다. 전임자들처럼 무신론적인 공산주의 자체는 거부했습니다. 하지만 세계 평화와 공산권의 신자를 보호하기 위해 공산주의자에 대한 완고한 거부의 자세를 버리고 대화를 시도했습니다. 크렘린과의 비밀 접촉으로 소련과 바티칸이 대화의 물꼬를 서서히 터 가면서 관계 개선을 모색했습니다.

요한 23세는 공산주의에 대한 공개적인 비난을 자제하고 대화와 화해의 손짓을 보냈습니다. 교황은 자신의 80세 생일에 크렘린에서 축전을 보내 주면 좋은 제스처가 될 것이라고 측근들에게 말했는데, 소련 공산당 서기장인 니키타 흐루쇼프가 이 말을 전해 듣고 응답했습니다. 그는 1961년 11월 25일, 로마 주재 소련 대사 앞으로 축전을 보냈고, 축전을 받은 교황은 매우 기뻐하며 호의적인 답신을 보냈습니다. "모든 러시아 국민이 인간애와 형제애를 바탕으로 희망찬 상호 이해를 이루고, 이를 통해 보편적인 평화가 발전하고 정착하기를 진심으로 기원합니다."

제2차 바티칸 공의회가 개막되어 첫 회기가 진행 중이던 1962년 10월 말에 이른바 '쿠바 미사일 위기'가 터집니다. 미국이 터키에 핵탄두를 설치하자, 니키타 흐루쇼프는 이에 대한 반발로 쿠바에 소련 미사일 기지를 비밀리에 건설했습니다. 그러자 미국은 쿠바로 가는 모든 소련 선박을 봉쇄하기로 결정합니다. 미국과 소련의 충돌은 곧 핵전쟁이 발발할지 모른다는 우려를 낳았고, 전 세계는 불안감에 떨며 촉각을 곤두세웠습니다. 하지만 소련과의 무력 충돌을 원치 않았던 미국의 케네디 대통령은 요한 23세 교황에게 중재를 요청합니다. 교황은 라디오 연설에서 자제력을 보여 달라고 두 나라에 호소하며 백악관과 크렘린에 메시지를 전달합니다. 미국과의 정면충돌을 원치 않았던 흐루쇼프에게 교황의 호소는 적합한 탈출구였습니다. 그는 쿠바의 미사일 기지를 해체하고 유엔을 통한 협상을 하라고 지시했고, 이렇게 해서 쿠바 위기는 극적으로 해결되었습니다.

이를 계기로 니키타 흐루쇼프는 비공식적이기는 하지만 바티칸과의 관계를 계속 이어 가고 싶다는 의사를 밝히게 됩니다. 그러면서 17년 동안 소련의 감옥과 강제 수용소에 갇혀 있던 우크라이나의 슬리피 대주교를 석방하여 바티칸으로 보냈습니다. 그 외에도 헝가리의 주교 네 명도 석방되었습니다. 이는 1950년대 후반과 1960년 전반에 있었던 소련의 '해빙기' 긴장 완화 정책의 일부라고 볼 수 있습니다.

1963년 3월 7일, 요한 23세 교황은 소련 정부 기관지 〈이즈베스티야〉의 편집장이며 니키타 흐루쇼프의 사위인 알렉세이 아주베이 부부를 접견했습니다. 이 만남은 1917년 러시아 혁명 이후 소련 고위층과 교황 간의 첫 만남이었습니다. 이런 만남에 대해 교황청 내 보수파의 수장인 성무성성 장관 오타비아니 추기경 등 몇몇 고위 성직자들은 못마땅하게 생각했고, 정치적으로 미숙한 행동이라고 노골적으로 비난하는 이들도 있었습니다. 소련에 우호적인 입장을 보임으로써 공산당의 선전에 이용당할 뿐만 아니라 공산주의의 위험에 대한 경계심을 늦추게

만든다는 것입니다. 이런 반응을 잘 알고 있었던 교황은 자신의 심경을 담담하게 밝혔습니다. "나는 내 방문을 두드리는 사람을 모두 맞아들여야 합니다. 나는 그들을 기쁘게 맞아들였고 그들의 자녀에 대해서도 함께 이야기한걸요. 나는 언제나 아이들에 대한 이야기를 합니다. 아주베이 여사도 감동하더군요. 그녀에게 묵주도 하나 주었습니다. 그걸 어떻게 쓰는지도 모르는데 말이지요. 하지만 나중에라도 묵주 기도를 꼭 바쳐야겠다고 생각하게 될지 누가 알겠습니까? 나는 그녀에게 말했습니다. '이 물건을 보면서 그냥 한때 이 지상에서 엄마(성모 마리아)로서 완벽했던 분이 살았다는 것을 기억해 주세요.'"

요한 23세 교황은 강요하지 않으면서 자연스럽게 하고 싶은 말을 하는, 어느 누구도 따라올 수 없는 독특한 매력을 지닌 인물이었습니다. 교황 알현이 끝난 뒤에 이탈리아 주간지 〈일 템포〉와 가진 인터뷰에서 아주베이는 요한 23세에 대해 매우 호의적인 평가를 했습니다. "그분은 대단히 순박하고 진실하신 분입니다. 당신이 그분에게 시선을 돌려 그분을 바라본다면 금방 대단한 경의를 표하게 되고 동시에 그분을 신뢰하게 될 것입니다." 교황과 아주베이 부부의 만남의 결실로 동구권의 가톨릭 교회에 대한 공산 정권의 탄압이 크게 완화됩니다.

평화의 사도

1961년 5월 15일, 회칙 〈어머니요 스승〉이 발표되었습니다. 레오 13세 교황과 비오 11세 교황의 사회적 가르침을 이어 간 이 회칙에서, 요한 23세 교황은 당면한 사회 문제들을 지적하며 대도시와 제3세계의 가난한 사람들에게 공정보다는 그 이상의 것을 주라고 촉구했습니다. 아울러 노동자가 자신이 속한 기업의 활동에 참여하는 것을 정의의 기본적인 요구라고 규정했습니다. 또한 선진 산업 국가에게 가난한 나라와 적극적으로 연대하라고 촉구하면서, 정치적인 영향력과 연관된 경제 원조는 '새로운 형태의 식민지 지배'라고 비판했습니다. 그리스도인들은 '가난한 이들의 교회'로서 국제적인 이해 중재에 기여하라고 권고하고, 과도한 군비 증강과 전쟁을 강력하게 반대하며 "이 세상에는 군인 묘지가 너무 많습니다."라고 한탄하기도 했습니다.

요한 23세 교황은 선종 약 두 달 전인 1963년 4월 11일, 위암으로 고통을 겪으면서도 처음으로 인류 전체를 대상으로 한 회칙 〈지상의 평화〉를 발표했습니다. 이 회칙은 5부로 구성되었는데, '공동 생활의 질서', '각 정치 공동체 안에서의 인간과 공권력 간의 관계', '정치 공동체들 간의 관계', '인간과 정치 공동체들의 세계 공동체와의 관계', '세계의 평화를 이룩하는 가톨릭인들'입니다. 교황은 이 회칙에서 항구적 평화에는 공정한 세계 질서에 의해 유지되며 상호 신뢰와 공평한 계약이 중요하다고 강조했습니다. 그 외에도 소수민의 인권을 포함한 기본적 인권의 존중, 양심에 따른 신앙의 자유, 개발 도상국들의 자기 결정권 등을 언급하며, 모든 무기 경쟁의 중단과 핵무기를 포함한 무기 감축을 제안했습니다. 또한 평화는 깨질 수 있는 군사적 균형이 아니라 오로지 '상호 신뢰'와 '건전한 이성의 법률'에 의해서만 이루어질 수 있다고 덧붙였습니다.

많은 이들이 이 회칙을 반겼고, 교회 일치 수도 공동체인 프랑스의 떼제에서는 이를 기념하여 큰 종을 설치해 '지상의 평화'라고 이름 붙였습니다. 하지만 교황의 군축 제안이 미국 정치와 상반된다는 사실을 인식한 〈뉴욕 타임스〉는 '꿈 같은 소리'라고 빈정댔습니다. 그 외에도 미국과 유럽의 우파 정치인들과 매스컴, 교회 내의 보수주의자들은 공산주의자를 이롭게 한다면서 우려와 반대 입장을 표명했습니다. 교황청 국무원에도 교황의 입장을 지지하기보다는 못마땅하게 여기는 이들이 적지 않았습니다.

반석 같은 신앙

본래 요한 23세 교황은 교회의 전통을 존중하는 보수적인 인물이었습니다. 그러나 불확실한 미래를 두려워해 전통을 무조건 답습하려는 전통주의자들과는 달랐습니다. 교황은 본질적인 것은 드러내고 그에 방해되는 부수적인 것은 털어 버림으로써 전통에서 열매를 맺는 길을 택했습니다. 보수적인 면모를 지녔던 교황이 이렇게 가톨릭 교회의 쇄신에 물꼬를 튼 것은 항상 새로운 시대를 향해 마음을 열고, 관심을 기울이며, 대화하고 배우려는 자세를 지니고 있었기 때문입니다.

두려움 없이 자신을 개방하고 배우려는 자세는 요한 23세 교황의 굳건한 신앙에서 우러나온 것이었습니다. "믿는 사람은 두려움에 떨지 않습니다."라는 것이 교황의 소신이었습니다. 교황은 바위같이 굳건한 신앙을 지녔지만 결코 굳어진 채로 머물지 않았고, 자신과 생각이 다른 이들에 대해서도 개방적이고 호의적이었습니다. 교황은 임종을 앞두고 병자성사를 받기 전에 침대 맞은편에 걸린 십자가를 가리키며 자신의 생각을 밝혔습니다. "저 벌린 두 팔은 나의 교황직의 강령이었습니다. 저 두 팔은 그리스도가 모든 이를 위해 돌아가셨음을 말해 줍니다. 아무도 그분의 사랑과 그분의 용서에서 제외되지 않았습니다."

요한 23세는 이런 신앙심으로 모든 사람을 축복하고, 모든 사람을 신뢰하고자 했던 것입니다. 이런 요한 23세를 세상과 교회는 '착한 교황'이라 부르며 사랑했습니다.

요한 23세가 소집한 제2차 바티칸 공의회는 1963년 12월에 첫 회기를 무사히 마쳤습니다. 교황은 공의회의 두 번째 회기 준비 기간인 1963년 6월 3일에 선종했습니다. 교황은 제2차 바티칸 공의회를 소집해 교회 역사에 근본적인 전환, 곧 교회의 지속적인 쇄신, 가톨릭 교회 밖의 사람도 모두 포용하는 개방적인 자세, 대결보다는 대화를 추구하는 쪽으로 방향 전환을 이루어 놓고 세상을 떠난 것입니다. 전 세계가 교황의 죽음을 애도했고, 소련 공산당 서기장인 흐루쇼프도 조전을 보냈습니다.

후임 교황들은 요한 23세 교황에게 큰 존경심을 지닌 모습을 보였습니다. 예를 들면 1978년 10월, 요한 바오로 2세는 교황으로 선출된 지 며칠 지나지 않아 성 베드로 대성전 지하 묘지를 방문했습니다. 자신의 전임자들에게 경의를 표하기 위해서였습니다. 요한 바오로 2세는 요한 바오로 1세, 바오로 6세, 비오 12세, 비오 11세의 무덤 앞에서 무릎을 꿇고 기도했습니다. 그런데 요한 23세의 무덤 앞에서는 장궤틀 옆으로 비켜서서 맨바닥에 한쪽 무릎을 꿇고 머리와 두 손을 무덤 위에 얹었습니다. 특별한 경외심과 감사의 마음을 드러낸 것이었습니다.

요한 23세 교황이 선종한 후 제2차 바티칸 공의회 회기 중인 1964년 11월과 1965년 10월에 몇몇 주교들이 공의회에서 구두 표결로 요한 23세를 시성하자는 제안을 했습니다. 이 제안은 교회사에 있던 선례에 근거한 것입니다. 하지만 구두 표결과 같은 즉흥적 행동으로 시복 시성을 위한 엄격한 심사 절차를 생략할 수는 없다는 의견도 제시되었습니다. 교황청 시성성도 구두 표결 제안을 단호하게 반대했기에 결국 시복 시성을 위해 정해진 절차를 밟아야 했습니다.

요한 23세 교황의 시성 조사 청원자인 루카 M. 데 로사는 교황이 신자는 물론, 비신자에게도 존경을 받는다면서 이렇게 말했습니다. "그들은 요한 23세 교황의 선함과 온화함, 진리와 평화, 사람들 사이의 상호 이해를 위한 열성, 하느님의 사자使者와 인류의 종이 되려는 열망에 계속 감탄하고 있습니다. …… 교황의 인생 이야기는 사람들로 하여금 더 잘 살고 싶게 만듭니다."

시복 시성을 위해 정해진 절차를 거쳐 요한 23세는 2000년에 요한 바오로 2세 교황에 의해 시복되었고, 2014년 4월 27일에 프란치스코 교황에 의해 시성되었습니다.

Paulus VI

제2차 바티칸 공의회의 순교자

1963년 6월 21일 선출
1978년 8월 6일 선종
2014년 10월 19일 시복
2018년 10월 14일 시성

고뇌의 교황
바오로 6세

'조반니 바티스타 몬티니'라는 이름의 바오로 6세 교황은 1897년에 이탈리아 브레시아 인근 콘체시오에서 태어났습니다. 아버지는 변호사, 기자, 브레시아 의회 의원을 지냈고, 어머니는 시골 귀족 집안 출신이었습니다. 그는 어렸을 적에 많이 허약했기에 집에서 통학하며 교구 신학교를 다녔습니다. 그는 수줍음을 잘 타는 성격이었으나, 총명하고 신심이 깊었으며, 독서광이라고 할 정도로 책 읽기를 좋아했습니다. 그의 중학교 시절의 교사 한 사람은 이렇게 회고했습니다. "그는 놀랄 만큼 훌륭한 문장을 썼고, 아무런 수식도 없이 간결하지만 뜻깊은 웅변을 하는 훌륭한 학생이었다. 나는 그에게 물리와 철학을 가르쳤지만, 그가 학교 신문에 가끔 쓰는 글을 보고 훌륭한 글재주가 있음을 알았다. 만약 다른 길로 가지 않았으면 그는 훌륭한 신문 기자가 되었을 것이다."

교회의 충직한 일꾼

몬티니는 밀라노와 로마에서 학업을 마치고 1920년에 사제품을 받았습니다. 그의 탁월한 지적 능력과 외교관적 자질을 알아 본 당시 교황청 가톨릭교육성 장관 비차르도 추기경은 몬티니 신부에게 교황청 외교관 학교에 진학할 것을 권유했습니다. 그는 그 권유에 따라 외교관 학교에 입학해 스스로 '잊을 수 없이 아름다운 연구 생활'이라고 할 정도로 만족스러운 시간을 보냈고, 바로 국무원에 채용되었습니다. 1923년 5월, 그는 폴란드 주재 교황 대사 보좌관으로 임명되었으나, 건강 문제로 몇 개월 후 귀환 발령을 받고 로마로 돌아온 후, 교황청 국무원에서 일상 업무를 보게 되었습니다.

1924년에는 행정 업무보다는 사제 본연의 일을 하고 싶다는 몬티니 신부의 원의에 따라 이탈리아 가톨릭 학생 연맹의 지도 신부로 임명되었고, 나중에는 총 지도 신부로 활동했습니다. 그는 청년들이 시야를 넓힐 수 있도록 당시로서는 쉽지 않았던 외국 여행에 그들을 초대했고, 그들과 함께 빈민가를 방문하기도 했습니다. 또한 무솔리니의 파시즘이 득세하는 우려스러운 상황에서 청년들의 신앙과 문화 교육에 힘썼습니다. 매 주일 미사와 전례 교육을 통해 그들의 신앙을 심화하고, 그들이 그리스도교 사상가들의 작품을 많이 읽고, 그것을 내적 생활의 양식으로 삼게 했습니다.

1931년, 몬티니 신부는 다시 교황청 국무원으로 돌아와 교황청 외교관 학교에서 교황청 외교사를 강의했습니다. 1937년에는 교황청 국무원장 에우제니오 파첼리 추기경의 비서로 발탁되었습니다. 1939년에 파첼리 추기경이 비오 12세 교황으로 선출된 후에도 교황을 측근에서 보좌했습니다. 제2차 세계 대전 때는 교황의 지시로 포로 문제와 유대인 문제 등에 관심을 갖고 활동했으며, 전쟁으로 집을 잃은 사람들을 돕기 위해서도 노력했습니다.

몬티니 신부는 국무원장의 비서로서 세계 각처에서 찾아드는 외교관, 신문 기자, 정치가, 수도자 등을 만나야 했습니다. 공식적이며 외교적인 교섭에서 그의 교양과 인간미는 사람들에게 깊은 인상을 남겼습니다. 이탈리아의 한 신문 편집장인 실비오 네그로는 그에 대해 이런 평가를 남겼습니다. "외교관으로서 세련되고 단순한 친절미로 조화된 동작을 보이면서도, 형식주의에 사로잡히지 않고 활발한 생명력을 지닌 사람이다. 남이 보기에는 번잡스러운 집무 생활을 하는 이 사람을 만나는 이들은 모두 놀란다. 이렇게 복잡한 환경에서도 지위 높은 고위 성직자가 언제나 적절한 대답을 잃지 않으며, 잡담을 하거나 문제를 가볍게 처리하지 않고 언제나 자기의 새로운 의견을 제시하는 것을 보면 믿기 어려울 정도다. 그리고 그는 높은 교양과 신선한 인간미를 지니고 있다."

비오 12세 교황은 1953년 1월, 비공개 추기경 회의에서 몬티니 신부와 자신의 측근 한 명을 추기경에 임명하려 했으나 본인들이 사양했다는 사실을 공개했습니다. 그 대신에 몬티니 신부를 국무원 차관으로 승격시켜 자신의 곁에서 계속 일하게 했습니다. 몬티니는 1954년 11월 1일, 밀라노 대교구장에 임명되었습니다. 그의 주교 서품식은 성 베드로 대성전에서 거행되었는데, 그를 깊이 신뢰하는 비오 12세가 직접 예식을 거행하려 했지만 병환 중이어서 추기경단 단장인 유진 티세랑 추기경이 집전했습니다. 그 대신 비오 12세는 방송으로 주교 서품식장에

축하 메시지를 전했습니다.

몬티니 대주교는 청년기와 장년기를 가톨릭 교회의 중심인 바티칸에서 보냈습니다. 20대 중반의 젊은 나이로 국무원에 채용되어 30년 가까이 근무하다가 예순을 바라보는 나이에 밀라노의 대주교가 된 것입니다. 1955년 1월 5일, 몬티니 대주교는 자동차를 타고 새 임지로 향했는데, 밀라노 대교구로 들어가는 경계에 도착하자 차에서 내려 비에 젖은 아스팔트 위에 무릎을 꿇고 땅에 입을 맞췄습니다. 이는 자신이 맡게 된 교회 공동체에 대한 사랑에 넘치는 겸손의 표현이라고 하겠습니다.

몬티니 대주교는 밀라노 대교구에서 제2차 세계 대전의 상처를 치유하고자 노력하면서 왕성한 활동을 펼쳤습니다. 많은 성당을 신축·보수하고 부지런히 사목 방문을 했습니다. 또한 교회를 떠난 노동자들이 교회로 되돌아올 수 있도록 각별한 관심을 갖고 여러 작업장을 찾아다니며 복음과 교리를 설교했습니다. 1957년 11월에는 3주 동안 밀라노에 있는 모든 본당을 대상으로 하여 교리를 가르쳐 신심을 깊게 할 목적으로 '대大선교 사업'을 벌였습니다. 또한 평신도 사도직과 문화 활동을 장려하고 가톨릭대학교와 신학교에서 사회 과학을 가르치도록 권했으며, 그리스도교 노조 활동도 적극 지원했습니다. 또한 청소년 문제에도 큰 관심을 갖고 청소년 사목에 적극 참여하도록 유도했습니다.

요한 23세는 교황으로 선출된 지 한 달 정도가 지난 1958년 12월 15일에 몬티니 대주교를 추기경으로 임명했습니다. 몬티니 추기경은 1962년 7월부터 8월까지 3주간 아프리카를 여행하면서 그곳의 여러 교회를 탐방했습니다. 그로부터 1년 정도가 지난 후에, 몬티니 추기경은 교황직에 오르게 되는데, 결과적으로 그는 아프리카 교회에 대한 직접적인 체험과 지식을 가진 최초의 교황이 되었습니다. 몬티니 추기경은 아프리카 외의 국가도 여행했습니다. 영국의 런던, 아일랜드의 더블린, 프랑스의 파리와 같은 유럽의 도시는 물론, 미국의 뉴욕 등 여러 도시들을 방문했습니다. 브라질의 리우데자네이루도 방문했는데, 그곳에서는 빈민촌을 찾아가기도 했습니다.

제2차 바티칸 공의회의 마무리와 후속 조치

1963년 6월 3일, 요한 23세 교황이 선종하면서 후임자를 뽑는 교황 선거가 열렸고, 6월 21일에 몬티니 추기경이 제262대 교황으로 선출됩니다. 그는 존경하는 선임 교황처럼 자신도 사도의 이름을 택해 자신을 바오로 6세라고 명명합니다. 교황은 이 이름을 선택한 이유를 밝히지는 않았지만, 여러 민족의 사도로서 존경을 받고, 복음을 통해 만민을 하나로 엮은 바오로 사도를 본받고자 했던 것 같습니다.

교황으로 선출된 다음 날인 6월 22일, 새 교황은 전 세계로 보낸 첫 번째 라디오 성명에서 자신의 계획을 밝혔습니다. 여러 선임 교황들의 큰 목표와 계획, 원칙을 받아들이고, 그 외에 공의회의 속개, 교회법 개정, 그리스도교의 일치와 세계 평화와 사회 정의를 위한 연구와 활동에 착수할 것을 공표하고, 그에 대해 자세한 설명을 덧붙였습니다.

6월 24일, 바오로 6세 교황은 로마 본당의 사제들과의 모임에서 자신의 생각을 이야기했습니다. "내 사명과 직위의 첫 번째는 로마의 주교라는 것입니다. 로마야말로 모든 교회의 머리요, 어머니입니다." 이어서 이렇게 역설했습니다. "오늘날 세속화되어 가고, 나아가 반종교적이 되어 가는 세계에서 복음을 전한다는 것은 성직자에게 달려 있습니다. 오늘날처럼 반反성직자주의가 범람하는 동시에 사제의 협력을 갈망한 시대도 일찍이 없었습니다. 본당 성직자들은 백성과 직접 접촉하기에 사제적 활동을 위한 다시없는 기회를 갖게 됩니다."

바오로 6세 교황은 6월 27일에 발표한 첫 번째 교서를 통해 전임 교황 요한 23세가 개최했지만 마무리 짓지 못한 제2차 바티칸 공의회를 계속해 나가겠다고 선언했습니다. 그에 따라 공의회는 1963년 9월 29일 제2차 회기가 속개되었고, 1964년 제3차 회기를 거쳐, 1965년 12월 8일에 제4차 회기를 종료하면서 성공적으로 마무리됩니다.

제2차 바티칸 공의회 진행 과정은 순탄하지 않았습니다. 모국어 사용 등을 포함한 전례 개혁, 현대 세계에서의 교회, 평신도 사도직, 주교들의 단체성, 그리스도교의 일치, 가톨릭 교회와 다른 종교와의 관계, 종교 자유 등의 주제를 다루는 과정에서 변화를 요구하는 편과 변화를 거부하는 편의 갈등이 적지 않았기 때문입니다.

바오로 6세 교황은 양측 모두 교회를 아끼고 사랑하는 마음이 크다는 것을 잘 알았기에 단순한 표 대결로 소수의 의견을 제외시키는 것을 원치 않았습니다. 교황은 공의회 문헌이 일방적으로 다수의 의견만이 반영된 것이 아니라 소수의 의견도 포용하는 방식으로 작성되기를 원했습니다. 새로운 생각과 전통적 견해가 조화된 문헌이 나오기 위해서는 양편의 의견을 조정하고 합의하는 매우 지난한 과정을 거쳐야 했습니다. 하지만 교황은 묵묵히 이 일을 수행해 나갔습니다.

제2차 바티칸 공의회에서 중요한 역할을 했던 프란츠 쾨니히 추기경은 이렇게 회고했습니다. "공의회를 소집하거나 개혁 절차를 시작한 장본인은 아니었지만, 바오로 6세는 공의회를 이어 나가게 했고 끝까지 지켜보았다. 요한 23세처럼 단 한 번의 미소로 사람의 마음을 흔들어 놓는 매력을 지니지 못한 사람에게는 특히 이 일이 쉽지 않았다. 그러나 바오로 6세에게는 끈기와 인내력, 꾸준히 버텨 나가는 의지력이 있었다. 또한 그에게는 감당하기 힘든 과제에 봉착했을 때 뒤로 물러나 몸을 낮추는 깊은 겸손함에서 우러나오는 힘이 있었다. 교회 쇄신이라는 위대한 과업은 종종 흔들리고 멈칫대고 정체되고 가로막히는 것처럼 보이기도 했다. 그럼에도 바오로 6세가 꿋꿋이 밀고 나가지 않았다면 모든 것이 수포로 돌아가고 말았을 것이다."

공의회의 마지막 회기 중인 1965년 9월, 바오로 6세 교황은 교회가 커져서 공의회를 자주 개최할 수 없는 현실을 감안해 교회 상설 기구이자, 교황 자문 권한뿐만 아니라 심의권을 지닌 세계 주교 시노드의 설립을 승인했습니다. 이는 세계 각 지역의 교회를 대표하는 주교들이 정해진 시기에 함께 모이는 회합으로, 3년마다 개최되어 중요한 문제에 대해 논의해 의견을 모아 교황에게 보고하게 됩니다. 바오로 6세는 1971년에 사제직에 관해, 1974년에 복음화에 관해, 1977년에는 교리 교육에 관해 논의하고자 세계 주교 시노드를 소집했습니다.

바오로 6세 교황은 제2차 바티칸 공의회로 새로운 시대가 열렸다는 것을 잘 알고 있었습니다. 하지만 그 '새로움'은 과거와의 단절이 아니라 기나긴 역사와 전통 속에서 이룩된 또 하나의 전환점이기 때문에 과거와의 연속성을 유지하는 것이 중요하다고 생각했습니다. 그렇기 때문에 교황은 공의회에서 채택된 여러 개혁 조치를 점진적인 방법으로 실행에 옮기고자 했습니다. 성무일도서, 독서집, 미사 경본, 교회 음악, 교회법 개정을 위한 위원회를 설립하고 모국어로 전례를 거행하는 것도 허용했습니다.

제2차 바티칸 공의회 이후에 신학 토론이 활발하게 전개되었는데, 일부 신학자들은 교회의 공식 가르침에 어긋나는 것이 아닌가 하는 의구심을 불러일으키는 주장과 견해를 내세우기도 했습니다. 어떤 신자들은 교회의 가르침보다는 그런 주장과 견해에 더 비중을 두어 혼란이 일어나기도 했습니다. 바오로 6세는 교황이 지닌 '가르침의 권위'로 이런 현상을 바로잡으려 노력했습니다. 성체 현존의 해석과 관련된 논쟁이 그 대표적인 예입니다. 네덜란드 등 서유럽의 일부 신학자들이 성체 안의 주님 현존을 '의미 변화'나 '목적 변화' 등과 같은 용어로 새롭게 해석하자 이를 둘러싼 논쟁이 벌어졌습니다. 이에 교황은 1965년 9월, 회칙 〈신앙의 신비〉를 발표하여 성체성사에 대한 새로운 해석의 부족한 점을 지적하고 교회의 전통적인 가르침인 '실체 변화'를 재확인했습니다.

또한 1967년 3월에 회칙 〈민족들의 발전〉을 발표하여 발전도상국들의 궁핍에 대해 언급하면서 사회 정의 실현을 강력하게 요구했습니다. 같은 해 6월에는 회칙 〈사제 독신 생활〉이 발표되는데, 교황은 이 문헌에서 사제들의 의무 독신제를 반대하는 논거들을 열거한 후에 그럼에도 불구하고 사제 독신이 유지되어야 할 필요성을 역설했습니다. 1968년 7월에는 회칙 〈인간 생명〉을 발표하여 결혼의 윤리를 설명하면서 산아 제한의 인위적 수단을 단죄했습니다. 인공 피임 문제를 다루기 위해 구성된 위원회에서 다수가 특정 상황에서는 이를 허용하는 것에 찬성했음에도 불구하고 바오로 6세가 불허 결정을 내리자, 전 세계적으로 큰 논란과 거센 반발이 일어났고, 교황은 이런 비판적인 반응에 큰 충격을 받았다고 합니다.

바오로 6세 교황은 비오 12세 교황부터 시작된 추기경단의 국제화와 확대를 이어 갑니다. 바오로 6세가 교황으로 선출되

1969년 3월 28일, 서울대교구장 김수환 대주교를 추기경으로 임명하는 바오로 6세.
사진 ⓒ 가톨릭신문사

었을 당시 추기경단은 약 80명이었으나, 1976년에는 138명에 달했습니다. 추기경단은 이탈리아인이 소수를 차지했고 제3세계 출신이 다수를 이루었습니다. 추기경단의 국제화에 힘입어 1969년 3월 28일, 서울대교구장 김수환 대주교가 한국 최초로 추기경에 임명되었습니다. 교황은 1966년에 자의 교서 〈거룩한 교회〉를 발표하여 신부와 주교의 은퇴 연령을 75세로 정하고, 80세 이상의 추기경들은 교황 선거에 참여할 수 없다는 결

1963년 6월 30일, 오타비아니 추기경에게 교황 삼층관을 수여받는 모습.

정을 내렸습니다.

바오로 6세 교황은 교황직의 화려함과 허례허식을 청산하려고 노력했습니다. 교황으로 선출된 후 자신이 교구장으로 있었던 밀라노 대교구 신자들에게 화려한 교황 삼층관을 선물로 받았는데, 이를 공의회 기간까지만 사용했습니다. 그리고 나서 그 삼층관을 1968년 미국 신자들에게 선물로 보내는 형식으로 미국 워싱턴 D.C.의 '원죄 없이 잉태되신 성모 국립 대성당'에 기증했습니다. 미국 가톨릭 교회는 그에 대한 답례로 교황청에

기부금을 보냈는데, 그 돈은 가난한 이들을 위해 쓰였습니다.

교회 일치 운동의 촉진

바오로 6세 교황은 요한 23세 교황과 제2차 바티칸 공의회의 노선에 따라 교회 일치를 위해 활발하게 움직였습니다. 바오로 6세는 1964년, 예루살렘을 순례 방문하면서 콘스탄티노플의 아테나고라스 1세 동방 정교회 총대주교와 만났습니다. 이는 1054년 동서 교회의 상호 파문 이래 처음 있는 일로서, 이 만남의 결실로 1965년 12월 7일, 양측은 제2차 바티칸 공의회 폐막 전날에 상호 파문을 취소하는 공동 선언을 발표하게 되었습니다. 그날 저녁 전례에서 공의회에 참석한 교부들은 이 선언이 공표되는 역사적인 순간을 크게 감격하며 지켜보았습니다.

바오로 6세 교황은 동방 교회 지도자들과 상호 방문도 추진했습니다. 1967년 7월 25일, 바오로 6세가 이스탄불을 방문했고, 10월 26일에는 아테나고라스 1세 총대주교가 로마를 답방했습니다. 이때 교황은 십자군이 1208년 콘스탄티노플에서 약탈해 온 안드레아 사도의 유해를 그리스 정교회에 돌려보냈습니다. 1966년 3월 24일, 교황은 바티칸에서 영국 성공회의 지도

1964년, 아테나고라스 1세 동방 정교회 총대주교와 만나는 모습.

자인 마이클 램지 캔터베리 대주교를 공적으로 접견했습니다.

1965년, 바오로 6세는 세계교회협의회와 함께 상호 간에 긴밀히 대화하고 협력하기로 합의했습니다. 이후 3년 동안 교황청과 세계교회협의회는 여덟 차례 모임을 가졌고, 1월 18일부터 25일까지를 '그리스도인 일치를 위한 기도 주간'으로 지내면서 공동 기도회를 갖기로 결정했습니다. 1969년 4월 28일, 교황은 스위스 제네바에 있는 세계교회협의회를 방문했습니다. 그 자리에서 교황은 교회 일치를 위한 여정에서 교황 수위권이 큰 어려움을 준다는 것을 솔직하게 인정했습니다. "교황이 교회 일치 운동의 길에 가장 중대한 장애임은 의심할 여지가 없음을 잘 알고 있습니다."

순례자 교황

바오로 6세 교황은 오대륙을 모두 방문한 최초의 교황이며 그 당시까지 역사상 가장 장시간 여행한 교황으로서 '순례자 교황'이라는 별명을 얻었습니다. 이로써 바오로 6세는 교황직의 새로운 활로를 열었고, 그의 후임자들도 이러한 길을 계승하게 됩니다. 바오로 6세는 1964년 1월, 예루살렘 성지를 방문했고 12월에는 인도의 뭄바이에서 열린 세계 성체 대회에 참석했습니다. 그리고 1965년 8월, 교황으로서는 최초로 미국을 방문했습니다. 교황은 당시 점차 확대되던 베트남 전쟁을 염두에 두고, 유엔 총회에서 평화를 주제로 전쟁 종식과 군비 축소를 호소하는 연설을 했습니다. "더 이상 전쟁은 안 됩니다. 두 번 다시 전쟁이 일어나서는 안 됩니다. 평화, 우리 인류의 운명을 이끌어야 하는 것은 바로 평화입니다."

1967년 5월, 교황은 포르투갈의 파티마를 방문하여 평화를 위해 기도했습니다. 1968년 8월에는 콜롬비아를 방문하여 보고타에서 열린 세계 성체 대회와 메데인에서 개최된 제2차 라틴 아메리카 주교단 총회에 참석했습니다. 1969년 7월에는 우간다 등 아프리카를 사목 방문했습니다. 그리고 1970년 11월에는 당시 영국 연방에 속하던 홍콩에 이어서 필리핀과 호주 방문이 이루어졌습니다. 이 방문 중에 필리핀 마닐라 국제공항에서 괴한이 칼을 휘둘러 바오로 6세를 암살하려 한 시도가 있었지만, 다행히 미수로 끝났습니다.

어둔 밤

바오로 6세 교황은 전 세계 가톨릭 신자들의 신앙 쇄신을 위해 1975년 '화해와 쇄신'이라는 주제로 성년聖年을 선포합니다.

그 기간에 세계 각지에서 로마로 성지 순례를 온 수많은 신자들은 함께 기도하고 미사를 지내면서 교회가 하나임을 생생하게 체험하게 됩니다.

바오로 6세 교황은 1968년 이후부터 교황직 수행에 특별히 많은 어려움을 겪었습니다. 그해에 발표된 회칙 〈인간 생명〉은 전 세계적으로 거센 찬반 논쟁을 불러일으켰습니다. 인공 피임을 명시적으로 반대한 이 회칙에 대해 서유럽과 북아메리카에서는 반대 의견이 많았으나, 동유럽과 남유럽, 남아메리카에서는 환영을 받았습니다. 사회적으로는 서유럽에서 극렬 좌파 학생 운동이 발생하고 테러가 횡행하는 등 국제 정세가 불안정했고, 이로 인해 교황은 많은 고민을 해야 했습니다.

제2차 바티칸 공의회의 결정 사항들이 서서히, 착실하게 실행되었지만, 서구 교회에서는 개혁 세력과 보수 진영 간의 긴장과 갈등이 계속되었습니다. 개혁 세력 중에서는 공의회의 개혁이 기대에 훨씬 못 미친다고 불만스러워하며 실망하거나, 개혁이 지지부진하다고 비난하면서 급진적인 방향으로 가는 이들도 있었습니다. 그들 중에는 공의회 문헌이 전통과 새로움의 타협과 조화의 산물임에도 불구하고, 공의회에서 중요시했던 전통적인 요소들을 부차적인 것으로 간주하여 그것들을 축소하거나 제외시키려는 이들도 있었습니다. 예를 들면 독일 튀빙겐 대학교의 신학 교수인 한스 큉(1928년 출생) 신부는, 2천 년 동안의 교회 역사와 교의를 성경에서 출발하여 완전히 새로운 방식으로 해석하면서 전통과 제도적인 측면을 축소하고 제거하려고 시도했습니다.

보수 진영에도 극단주의자들이 있었습니다. 대표적인 인물이 세네갈의 수도 다카르 대교구장을 역임했던 르페브르 대주교(1905~1991년)입니다. 그는 제2차 바티칸 공의회가 의도한 '현대화aggiornamento'에 가장 강경하게 반대한 인물로서, 공의회의 전례 개혁에 반대해 트리엔트 미사로의 전면적 복귀를 줄기차게 요구했습니다. 그뿐만 아니라 공의회의 결정 사항, 특히 교회 일치 운동, 종교의 자유 인정 등을 철폐해야 한다고 주장했습니다. 또한 자신의 추종자들을 규합해 '성 비오 10세 형제회'라는 단체를 조직했습니다. 1976년, 바오로 6세 교황은 그의 성무 집행을 정지시키고 더 이상 자신의 주장을 펼칠 수 없도록 하는 데에 총력을 기울였지만 효과를 내지 못했습니다. 르페브르 대주교는 자신의 추종자들을 위해 1969년, 스위스 프리부르에 신학교를 설립했습니다. 이후 1971년에 스위스 에콘으로 신학교를 이전하여 세력 기반을 구축하고서 로마에 계속 공격적으로 도전했습니다.

제2차 바티칸 공의회를 통해 교회는 세상을 향해 문을 활짝 열게 되어 '신선한 공기'를 들여놓기는 했지만, 동시에 반갑지 않은 '오염 물질'도 들이닥쳤습니다. 성 개방 풍조나 이혼과 낙태의 증가 등이 대표적인 예입니다. 교회는 세상 안에, 세상을 위해 있으나, 세상의 것이 아니며, 복음에 충실하기 위해 세상을 거슬러야 할 삶의 영역들도 분명 있습니다. 하지만 제2차 바티칸 공의회가 시작한 세상으로의 개방을 잘못 해석하여 복음보다는 세상의 논리와 가치관에 더 비중을 두어 신앙을 약화하고 혼란을 야기한 이들도 적지 않았습니다.

1967년, 바오로 6세 교황은 사제 의무 독신제의 유지를 결정했습니다. 그러나 이러한 결정에도 불구하고 사제의 결혼 허용에 대한 요구가 그치지 않았을 뿐만 아니라 성소를 포기하는 사제와 수도자들이 계속 늘어났습니다. 또한 아시아나 아프리카와는 달리 유럽과 미국에서는 주일 미사와 고해성사 참여자가 급격히 줄어들었습니다. 그리스도교의 본산인 유럽 교회의 이런 부정적인 현상 때문에 바오로 6세의 근심은 점점 더 깊어 갔습니다. 교황은 이런 현상을 하느님의 성전에 생긴 몇 개의 균열 사이로 들어온 "사탄의 연기"라고 비판했습니다.

1978년에 들어서서 바오로 6세 교황이 겪는 '어둔 밤'은 개인적인 사정으로 인해 한층 더 깊어졌습니다. 그해 3월 16일, 교황의 평생 친구이자 이탈리아 기독교 민주당의 정치가인 알도 모로가 이탈리아 최대의 극좌 과격파 테러 조직인 붉은 여단에 납치되는 사건이 일어났습니다. 이로 인해서 이탈리아 전체가 충격을 받은 가운데 바오로 6세는 테러범들을 "형제"라고 부르면서 간곡한 내용의 편지를 보내 알도 모로의 석방을 호소했습니다.

"나는 여러분에게 명령을 내릴 권한이 없으며, 그럴 생각도 없습니다. 다만 나는 위대한 인류의 동포이자, 학창 시절의 친구로서, 더 특별하게는 같은 신앙을 고백하는 형제로서, 그리고 그리스도교 교회의 한 아들로서 그를 사랑한다는 것을 말하고 싶습니다. 당신들에게 이렇게 간청합니다. 제발 모른 척하지 말아 주십시오. 내가 이렇게 무릎을 꿇고 빕니다. 부디 그를 아무 조건 없이 무사히 풀어 주십시오. …… 나는 여러분에게 좋은 대답이 오기를 기도하며 기다리겠습니다."

교황의 편지가 공개되자 테러범들에게 너무 저자세를 보인 것이 아니냐는 비판이 터져 나오기도 했습니다. 여든 살 고령인 교황의 이런 노력에도 불구하고 알도 모로는 5월 9일, 피살

된 채로 발견되었습니다. 큰 슬픔에 빠진 바오로 6세는 라테라노 대성전에서 알도 모로의 장례 미사를 집전했습니다.

바오로 6세 교황은 그해 6월 29일 강론에서 "교황직을 맡아 15년을 보낸 지금, 나는 신앙을 옹호하고 믿음을 지켰음을 주님께 감사드릴 수 있습니다."라는 말을 남겼는데, 이것이 교황의 마지막 공식 발언이었습니다. 바오로 6세는 8월 6일, 카스텔 간돌포 교황 별장에서 심장 마비로 선종했습니다. 교황의 장례 미사는 자신의 유언대로 진행되었습니다. 성 베드로 광장 바닥에 관이 놓였고, 아무 장식도 없는 소박한 나무관 위에는 성경이 펼쳐져 놓였으며, 교황의 무덤은 성 베드로 대성전 지하에 땅바닥과 거의 같은 높이로 조성되었습니다.

제2차 바티칸 공의회의 순교자

바오로 6세 교황은 겸손하고 인간미가 넘치는 인물이었습니다. 교황 선거가 끝난 직후, 시스티나 성당에서 추기경들이 새 교황에게 처음으로 경의를 표하는 자리를 가졌는데, 그 자리에서 교황은 자기보다 나이가 많은 추기경의 차례가 되면 자리에서 먼저 내려와 상대방을 맞았습니다. 또한 교황 선거 후에 관례에 따라 추기경들과 함께 식사를 하는 자리에서도 미리 마련

1978년 8월, 바오로 6세의 장례 미사 모습.

된 주빈의 자리에 앉지 않고 추기경으로서 정해진 자기 자리로 갔습니다. 그는 교황 선거 첫날처럼 추기경들과 어울려 있기를 원했던 것입니다.

하지만 바오로 6세 교황은 요한 23세 교황처럼 대중 친화적이거나 유머가 많은 사람은 아니었습니다. 오히려 세상이 자신을 주시한다는 점이나, 끊임없이 군중 앞에 나서야 한다는 점을 매우 부담스럽게 생각했습니다. 교황 한 사람을 보기 위해서 수많은 사람들이 모여드는 것을 달가워하지 않아서 매 주일마

2006년 11월 2일 위령의 날에 베네딕토 16세가 바오로 6세의 무덤에서 예를 표하는 모습.

다 교황 집무실 창문에서 하는 삼종 기도를 중단시킬 생각까지 했다고 합니다. 또한 바오로 6세는 요한 23세가 '약간 햄릿을 닮은 인물'이라고 묘사할 정도로 매우 신중하고 진지해, 중요한 결정 앞에서 상당히 심사숙고하는 스타일이었습니다.

아마도 바오로 6세 교황이 요한 23세 교황과 같은 상황에 있었다고 해도 그가 공의회를 소집하는 모험을 감행하기는 어려웠을 것입니다. 하지만 그는 전임자가 시작한 제2차 바티칸 공의회를 큰 인내심으로 마무리했습니다. 그리고 공의회 이후에는 급변하는 시대의 요구에 부응하면서도 교회의 정체성을 보존하는 데에 모든 전력을 기울였습니다. 흔히 제2차 바티칸 공의회의 빛과 영광을 요한 23세에게 돌립니다. 하지만 공의회의 진행과 그 이후의 모든 어려움과 혼란이라는 무거운 십자가는 바오로 6세가 짊어져야 했습니다. 그래서 프란츠 쾨니히 추기경은 바오로 6세를 '제2차 바티칸 공의회의 순교자'라고 표현했습니다. 바오로 6세는 2014년 10월 19일, 프란치스코 교황에 의해 시복되었습니다.

Joannes Paulus I

소박한 인간미를 지닌 사목자

1978년 8월 26일 선출

1978년 9월 28일 선종

2003년 11월 23일 하느님의 종 선포

미소의 교황
요한 바오로 1세

'알비노 루치아니'라는 이름의 요한 바오로 1세는 1912년 이탈리아 벨루노 교구 포르노디카날레에서 가난한 노동자의 아들로 태어났습니다. 1935년에 사제로 서품되고, 2년 후에 벨루노 교구의 신학교 부학장으로서 10년 동안 교양 과목을 가르쳤으며, 1949년에는 교구 교리 교육국 책임자가 되어 10년 가까이 일했습니다.

검소한 사목자

루치아니 신부는 20년간 맡았던 학생들을 가르치는 임무를 뒤로하고 1958년 12월에 비토리오 베네토 교구의 주교로 임명되었는데, 사목 표어는 '겸손'이었습니다. 그는 주교의 자격으로 제2차 바티칸 공의회의 모든 회기에 참석했습니다. 1969년 12월 15일에는 베네치아 총대주교로 임명되었고, 1973년 3월 5일에는 추기경으로 서임되었습니다. 그는 성당을 지나치게 화려하게 장식하는 것을 싫어했으며, 값비싼 성작이나 교회의 귀중품을 팔아 가난한 이들을 돕도록 본당 사제들에게 권장했습니다. 1971년에는 서방의 부유한 교회들이 수입의 1퍼센트를 제3세계의 가난한 교회를 돕는 데 써야 한다고 제안하기도 했습니다.

바오로 6세 교황은 1972년 9월에 베네치아를 방문했는데, 그때 산 마르코 광장에 모인 2만 명의 인파가 지켜보는 앞에서 자신의 교황 영대를 벗어 루치아니 추기경의 어깨에 걸어 주었습니다. 바오로 6세는 루치아니 추기경이 자신의 후임자가 되기를 원했던 것 같습니다. 마침내 그 원의가 이루어져서 1978년 8월 26일, 루치아니는 바오로 6세의 후임인 제263대 교황으로 선출되었습니다. 그의 교황 선출은 추기경 대다수가 교

1972년, 베네치아 총대주교일 당시, 베네치아를 방문한 바오로 6세와 함께.

황청 관료 출신이 아닌 새로운 유형의 교황을 원했음을 드러낸 것이었습니다. 루치아니는 이탈리아 밖에서는 잘 알려지지 않은 인물이었지만, '하느님께서 마련하신 후보자'로 환영받았습니다.

미소와 겸손

루치아니는 교황으로 선출된 직후, 성 베드로 대성전 발코니에서 군중에게 첫 강복을 줄 때 친근한 미소로 사람들의 마음을 사로잡았습니다. 그 이후로 사람들에게 '미소의 교황', '하느님의 미소'라고 불리며 사랑을 받았습니다. 그는 자신의 교황명을 교회 역사상 최초로 이중 이름인 '요한 바오로'로 정했습니다. 여기에는 자신을 주교로 임명한 요한 23세와 추기경으로 임명한 바오로 6세의 노선을 이어 가겠다는 의도가 담겨 있었습니다. 요한 바오로 1세는 선출 다음 날인 8월 27일, '희망의 서광이 누리를 비춥니다'라는 제목의 첫 라디오 메시지를 발표했습니다.

교황은 엄청난 직무를 맡게 되어 심한 중압감을 느낀다면서 교회를 이끌어 오신 전능하신 하느님께 의탁한다는 말로 메시지를 시작했습니다. "그리스도의 손에 제 손을 맡겨 드리고, 그분께 몸을 의지하고서 저도 이제 교회인 배의 키를 잡으러 올라왔습니다. 이 배는 아직 폭풍 중에 떠 있지만 안전하고 든든합니다. 왜냐하면 하느님의 아드님의 북돋우시고 다스리시는 현존이 이 배와 함께하시기 때문입니다. …… 고대 교부들에게 매우 친숙한 이미지라고 할 교회의 배는 두려움을 느껴서는 안 됩니다. 그리스도와 그분의 대리자에 의해 안내받기 때문입니다."

요한 바오로 1세 교황은 자신의 계획은 "요한 23세의 크신 마음으로 다져진 노선에 따라 바오로 6세의 프로그램을 그대로 계속하는 것"이라고 밝힙니다. 이어서 자신이 어떻게 교황직을 수행할 것인지 계획을 발표했습니다. 그 계획은 제2차 바티칸 공의회의 유산을 계속 수행하고 공의회의 규범을 준수하고 실천하되, 그 내용과 의미가 왜곡되지 않도록 전달하는 것, 주저함이나 두려움 없이 지속적으로 교회의 쇄신을 추진하는 것, 바오로 6세의 노선에 따라 복음 선교를 첫째 임무로 삼고 교회 일치 운동을 지속하며 온화하고 건설적인 대화를 강력하게 추진하는 것, 세계 평화의 수호와 증진을 위해 노력하는 것이었습니다.

  요한 바오로 1세 교황은 9월 1일, 자발적으로 기자회견을 열어 그 자리에 참석한 기자 수백 명을 매혹시켰습니다. 9월 3일에는 길고 화려한 전통적 교황 대관식을 생략하고 삼층관이 아니라 팔리움(제의 위 목과 어깨에 둘러 착용하는 좁은 고리 모양의 양털 띠)을 받는 것으로 교황직을 시작했습니다. 교황의 삼층관은 교황의 세속적·교회적·천상적 세 권한을 상징하는 것으로서 통상적으로 추기경 단장은 새 교황에게 삼층관을 씌우면서 이렇게 말합니다. "세 개의 관으로 장식된 이 교황관을 쓰는 당신은 군주들과 왕들의 아버지이고, 세상의 안내자이며, 구세주 예수 그리스도의 대리자임을 아시오." 그런데 요한 바오로 1세는 삼층관

1978년 8월 26일, 교황 선출 직후에 첫 강복을 주며 미소 짓는 요한 바오로 1세.

이 "종들의 종이 쓰기에는 너무 무겁다."라면서 거절합니다. 또한 교황 전용 가마인 세디아 게스타토리아를 타지 않으려고 하자, 바티칸 당국은 신자들이 멀리서나마 교황의 모습을 볼 수 있으려면 가마의 사용이 필요하다며 설득하기도 했습니다.

또한 요한 바오로 1세 교황은 "교황직은 다스리기 위해서가 아니라 섬기기 위해서 있는 것"이라고 단언하며 공식 연설에서 교황 스스로 '우리'(예전 왕조 시대에 왕이 자신을 '짐'이라고 한 것과 비슷함)라고 부르던 관례를 깨고 '나'라고 지칭했습니다. 이렇게 자신을 낮춘 요한 바오로 1세는 자신을 위한 기도를 자주 청했습니다. 교황은 교황 선출 다음 날인 8월 27일, 삼종 기도 담화에서 이렇게 말했습니다. "나는 요한 교황님의 '마음의 지혜'도, 바오로 교황님의 자질과 학식도 갖추지 못했습니다. 그래도 그 어른들의 자리에 서게 되었으니 교회에 봉사할 길을 찾아야만 합니다. 나는 여러분이 여러분의 기도로 나를 도와주시리라 믿습니다."

교황은 9월 3일 교황 즉위 미사에서 그레고리오 1세 교황의 저서를 이용해 이렇게 말했습니다. "나는 여태까지 착한 목자란 이런 사람이라고 묘사했지만 나 자신은 그렇지가 못합니다. 사람이 도달해야 할 완덕의 피안을 보여 주었지만, 나는 아직도 결점과 과오의 파도에 휩쓸리고 있습니다. 그러니 제발 내가 빠져 죽지 않도록 기도로 구원의 판자 조각을 제게 던져 주십시오." 그리고 덧붙여서 이렇게 말했습니다. "교황은 물론이려니와 온 세상이 기도를 필요로 하고 있습니다. '세계가 잘못되어 가는 까닭은 기도보다 전쟁을 택하기 때문입니다.' 그러니 우리는 전쟁보다 기도에 힘쓰도록 합시다."

9월 23일에는 라테라노 대성전에서 로마 주교 착좌 미사가 거행되었습니다. 요한 바오로 1세 교황은 강론을 통해 그 미사에서 봉독된 독서와 복음을 해설하고 나서 이렇게 마무리했습니다. "성 비오 5세는 베네치아의 총대주교 자리에 오르는 산마르코 대성전에서 이렇게 외쳤습니다. '베네치아인들이여, 내가 여러분을 사랑하지 않는다면 어디에 쓸모가 있겠습니까?' 나도 이와 비슷한 말을 여러분에게 드립니다. 내가 여러분을 사랑한다고. 나는 오로지 여러분에게 봉사하고, 내가 가진 보잘것없는 힘을 다해 모든 이에게 바치고자 한다고 단언하는 바입니다."

짧은 재위 기간

요한 바오로 1세 교황은 주일 삼종 기도 시간에 간략한 담화를 했고, 일반 알현 석상에서도 알아듣기 쉽게 교리를 가르쳤습니다. 어린아이를 불러 그와 묻고 대답하는 가운데 실마리를 풀어 계명의 의미, 이웃 사랑, 겸손, 사랑 등에 관해 설명하기도 했습니다. 교황은 강론과 연설 중에 아우구스티노 성인, 레오 1세 교황, 그레고리오 1세 교황, 프란치스코 살레시오 성인을 즐겨 인용했고, 시詩는 물론 미국의 실업가 카네기의 저서나 조르주 베르나노스와 같은 가톨릭 작가도 언급했습니다. 그뿐만 아니라 연설 중에 유머를 섞어 사람들의 마음을 즐겁게 했습니다.

9월 13일, 일반 알현을 마무리하면서 그 자리에 있던 신혼부부들에게 빈첸시오 아 바오로회 창립자인 복자 프레드릭 오자남(1813~1853년)에 관한 이야기를 들려주면서 축하 인사를 보냈습니다. "프레드릭 오자남은 소르본느 대학에서 강의를 했고, 언변과 재능이 탁월했습니다. 그의 친구인 프랑스의 가톨릭 신학자 라코르데르는 그를 두고 이런 말을 했습니다. '정말 훌륭한 사람이고, 정말 착한 사람이다. 이 친구는 틀림없이 훌륭한 사제가 될 것이다.' 그런데 그렇지가 않았습니다. 그는 멋진 아가씨를 만나 결혼했습니다. 라코르데르는 기대가 꺾인 나머지 이런 말을 했습니다. '불쌍한 오자남! 그 사람마저 덫에 걸리다니!' 2년 후에 라코르데르가 로마에 와서 비오 9세 교황님을 알현했을 때 교황님은 이런 말씀을 하셨습니다. '이봐요, 신부님. 제가 듣기로는 예수님이 일곱 성사를 세우셨다고 합니다. 그런데 당신은 이야기를 바꾸어 놓았습니다. 당신이 하는 말대로라면 예수님이 여섯 성사와 덫을 하나 제정하신 셈입니다. 아닙니다, 신부님. 결혼은 덫이 아니라 크나큰 성사입니다.'" 요한 바오로 1세는 유머가 담긴 이야기를 마치면서 신혼부부들에게 축하를 보내며 주님의 축복을 기원했습니다.

하지만 새 교황과 함께하는 기쁨은 오래가지 못했습니다.

요한 바오로 1세는 베드로의 후계자로 선출된 지 33일째인 9월 28일 밤 심장 마비로 선종했습니다. 교황은 이튿날 이른 아침, 침대에 앉은 채 《준주성범》을 가슴에 얹고 숨진 모습으로 발견되었습니다. 전혀 예상치 못한 갑작스러운 죽음이었기에 교회와 세상은 큰 충격에 휩싸였을 뿐만 아니라 이런저런 억측을 불러오기도 했습니다. 바티칸 은행을 정리하고 교황청 유력 인사들을 교체하려는 계획을 세웠기에 독살되었다는 추측이 난무했습니다. 하지만 그 모든 것은 근거 없는 추측에 불과했습니다.

요한 바오로 1세 교황은 자신의 이른 죽음을 예견했다고 전해집니다. 그의 개인 비서였던 마기 몬시뇰은 교황이 건강이 너무 나빠 오래 직무를 수행하지 못할 것을 잘 알고 있었으며, 이를 실제로 측근에게 암시한 바 있다고 회고했습니다. 또한 선종 전날에 교황이 저녁 식사를 하던 도중 흉부 통증을 호소하면서 곁에 있던 수녀에게 평소 복용하던 알약을 준비해 달라고 부탁했다고 합니다.

친근한 미소와 따뜻한 말로 사람들의 마음을 사로잡았던 요한 바오로 1세 교황이 한 달 만에 세상을 떠나자, 많은 이들이 안타까워하고 아쉬워했습니다. 소박하고 겸손하면서도 사목적이었던 요한 바오로 1세가 오랫동안 살았다면 교회의 모습은 많이 달라졌을 것이라는 추측도 해 봅니다. 요한 바오로 1세는 2003년 11월 23일, 요한 바오로 2세 교황에 의해 하느님의 종으로 선포되었으며, 현재 시복 시성 심사가 진행되고 있습니다.

바오로 6세 교황이 선종한 후, 추기경단은 교황 선거에서 요한 바오로 1세가 하느님의 뜻으로 선출되었다고 확신했습니다. 그러나 그 교황이 선출된 지 한 달 만에 선종하는 충격적인 사건 앞에서 추기경들은 하느님께 또 다른 계획이 있으신 것은 아닌가를 진지하게 숙고해야만 했습니다. 그리고 그 숙고에서 놀라운 결정이 내려집니다. 5세기 만에 비非이탈리아인, 그것도 공산권 출신의 인물이 교황으로 선출된 것입니다.

Joannes Paulus II

전 세계를 누빈 선교사

1978년 10월 16일 선출

2005년 4월 2일 선종

2014년 4월 27일 시성

행동하는 교황
요한 바오로 2세

    제264대 베드로의 후계자로 선출된 요한 바오로 2세 교황은 1920년, 폴란드의 공업 도시 바도비체의 평범한 가정에서 태어나 '카롤 보이티와'라는 이름을 갖게 됩니다. 아버지는 육군 대위로 제대한 후 연금 생활을 했는데, 보이티와가 아홉 살 때 어머니가 세상을 떠났고, 이후 성실한 신앙인이었던 아버지의 보살핌을 받으면서 성장합니다. 보이티와는 청소년 시절부터 연극에 열정을 쏟았고, 대학에 진학해서 폴란드 문학을 전공하면서도 연극 활동을 계속했습니다. 하지만 보이티와의 인생 여정은 전체주의의 어두운 터널을 통과해야만 했습니다. 조국 폴란드가 독일의 나치와 소련의 공산 정권 치하에서 엄청난 고통을 겪어야 했던 것입니다.

전체주의에 대한 저항

1939년 9월 1일, 폴란드를 점령한 나치 세력이 강압 정책을 펼치면서 대학을 강제로 폐쇄했습니다. 당시 대학생이었던 보이티와는 강제 노역에 징집되어 채석장과 화학 공장에서 노동을 해야 했습니다. 그는 그런 와중에도 친구들과 지하 연극 동아리를 조직해서 활동할 정도로 연극에 몰두했습니다. 연극 활동은 폴란드 문화를 말살하려는 나치 정책에 대한 항거이기에 목숨을 위협받는 행동이었습니다. 하지만 보이티와는 나치의 잔혹한 통치 아래 신음하는 조국의 암울한 미래에 대한 생각을 지우려는 마음에서 연극과 문학에 열중했던 것 같습니다.

1941년 2월, 유일한 가족으로 남아 있던 아버지마저 세상을 떠납니다. 스무 살의 나이에 고아가 된 보이티와는 전과 다름없이 계속해서 공장에서 일하고 연극에 몰두했습니다. 하지만 내면에는 성소의 씨앗이 여물어 갔습니다. 그는 전쟁의 상처와 아버지의 죽음을 겪으면서 연극에 대해 애착을 접고 사제성소의 길을 택하기로 했고, 결국 1942년 10월에 크라쿠프에서 비밀리에 운영되던 신학교에 입학했습니다.

1945년 1월, 폴란드는 나치 치하에서 벗어나자마자 곧바로 소련의 위성국으로 전락하게 되었습니다. 크라쿠프 교구장은 교회가 앞으로 어려운 시기를 맞게 될 것이고, 그런 상황에서는 준비된 사제가 필요하다는 판단하에 보이티와를 앞당겨 서품하고 곧바로 로마로 보내 신학 박사 과정을 밟게 했습니다. 보이티와는 1946년 11월 1일에 사제품을 받고서 바로 로마로 유학을 떠나 1948년 6월에 〈십자가의 성 요한의 신앙 이론〉이란 논문으로 박사 학위를 취득하고 귀국했습니다.

보이티와 신부는 유학을 마치고 시골 본당 보좌 신부를 거쳐 크라쿠프의 성 플로리아노 성당의 주임 신부로 일하게 되었습니다. 그곳에는 대학생들을 위한 사목 센터가 운영되고 있었습니다. 보이티와는 그곳에 있는 동안, 청년들에게 대화와 토론 수업을 하면서 그들의 영적 성장을 도왔습니다. 좀 더 효과적인 신앙 교육을 위해 등산과 캠핑 등을 통해 청소년들이 자연을 접촉할 기회를 제공하는 모임도 만들었습니다. 여행 중에 이들과 야외 미사를 거행하고 신앙생활뿐만 아니라 일상에서 맞닥뜨리는 여러 가지 구체적인 문제에 대해 토론을 하면서 그들이 참된 그리스도인으로 성장하도록 인도했습니다. 또한 부부 생활과 성가정을 잘 꾸리도록 도와주는 과정을 만들기도 했습니다. 보이티와에게는 평신도 사도직과 청소년 사목 그리고 문화계와 학계와의 진지한 대화의 중요성을 깨닫는 시기였습니다.

보이티와 신부는 교구장의 명을 받아 교수 임용 시험을 거쳐서 크라쿠프의 야기엘로인스키 대학교의 그리스도교 윤리학 조교수를 거쳐 루블린 가톨릭대학교에서 윤리학 교수로 활동했습니다. 그러다가 1958년 7월, 크라쿠프 교구 보좌 주교로 임명되었고, 1963년에는 크라쿠프 교구의 대주교로, 1967년에는 추기경으로 임명되었습니다. 보이티와는 폴란드의 수도 바르샤바 교구장인 스테판 비신스키 추기경(1901~1981년)과 협력해 폴란드 공산주의 정권에 저항하면서 교회의 합법적인 지위를 확보하고 신앙의 자유를 보호하기 위해 많은 노력을 했습니다. 공산당의 방해에 맞서서 신학교의 폐쇄와 몰수를 저지하고, 새 성당을 건립하는 등 대체로 좋은 성과를 거두었습니다.

보이티와는 주교로서, 또한 제2차 바티칸 공의회의 준비위원회의 일원으로 네 번의 회기에 참석하여 활발하게 활동했습니다. 공의회 이후에는 공의회의 결정 사항을 실천하는 데에 매우 적극적이었습니다. 첫 번째 세계 주교 시노드를 제외하고는 모든 시노드에 참석했고, 1974년의 시노드에서는 보고 책임자의 임무를 맡기도 했습니다. 1976년에는 바오로 6세 교황의 초청으로 교황과 교황청 인사들의 사순절 피정을 지도했는데, 피정 강의 내용은 1977년에 이탈리아어로 쓴《반대받는 표적》이라는 책으로 간행되었습니다.

보이티와는 매우 활동적인 인물이었습니다. 성체 대회 참석, 학술 강연 등의 목적으로 유럽을 비롯한 여러 국가를 방문했습니다. 또한 폴란드 이주민 공동체를 순방하기 위해 북아메리카에서 파푸아뉴기니에 이르는 광범위한 지역을 여행하기도 했습니다. 이런 방문을 통해 보이티와는 세계적으로 인지도가 높아지고 추기경단 대다수에게 친숙한 인물이 되었습니다.

최초의 공산권 출신 교황

요한 바오로 1세 교황이 1978년 9월에 급작스럽게 선종하자, 그 후계자를 뽑는 교황 선거가 1978년 10월에 열렸습니다. 이 교황 선거에서 보이티와 추기경은 비교적 젊은 나이인 58세에 제264대 교황으로 선출되었습니다. 그는 하드리아노 6세 교황 (재위 1522~1523년) 이래 456년 만의 비이탈리아인 교황이자 최초의 공산권 출신의 슬라브인 교황으로 첫 등장부터 세계인의 주목을 받았습니다. 그는 교황이 되기 전부터 이미 탁월한 학식과 언어 능력, 예술적 재능을 겸비했을 뿐만 아니라 운동 실력까지 뛰어난 인물이었습니다. 그리하여 2005년 4월에 선종할 때까지 27년간 교황으로 재위하면서 수많은 업적을 남겼습니다.

폴란드 출신 교황이 선출됨으로써 교황과 관련해서 4세기에 걸친 교회 전통의 장벽, 곧 언어의 장벽, 국적의 장벽이 극복됩니다. 하지만 요한 바오로 2세는 교황직의 막중한 책임 외에도 로마의 주교가 이탈리아인이 아닌 것에 대해 부담감을 갖고 염려했는데, 이는 선출 직후 성 베드로 대성전 발코니에서 했던 인사말에서도 드러납니다.

보이티와 추기경은 교황으로 선출된 직후인 10월 16일 저녁에 라틴어로 강복만 주던 관습을 깨고 이탈리아어로 간단한 인사말을 했습니다. "예수 그리스도는 찬미받으소서. …… 지극히 경애하올 추기경들은 로마 주교를 새로 불러들였습니다. 멀고 먼 나라에서 불러들였습니다. 그렇지만 신앙에서나 그리스도교 전통에서나 늘 가까이 친교를 나눈 나라입니다. 저는 이 임명을 받아들이기가 두려웠습니다. 하지만 우리 주 예수 그리스도께 순종하는 마음으로, 그분의 어머니, 지극히 거룩하신 성모님께 전적으로 의탁하여 이를 받아들였습니다." 이어서 이렇게 덧붙였습니다. "제 마음을 여러분 나라의 이탈리아어로 설명드릴 수 있을지 모르겠습니다. 만일 틀리거든 여러분이 바로잡아 주십시오." 이 짧은 인사말은 한순간에 사람들의 마음을 얻기에 충분했고, 로마 시민은 교황을 환영하며 따뜻하게 받아들였습니다.

보이티와 추기경은 전임자의 이름을 이어받아 '요한 바오로'를 교황명으로 삼고, 전임자와 마찬가지로 화려한 즉위식을 거부하고 10월 22일에 성 베드로 광장에서 소박한 취임 미사를 거행했습니다. 이날 미사 강론 중에 "두려워하지 마십시오! 그리스도를 향해 문을 활짝 열어젖히십시오!"라고 촉구했습니다. 이는 교황 자신의 두려움은 물론 세상 사람들의 갖가지 두려움을 떨쳐 내고 그리스도의 권능에 의탁하라는 초대인 것입니다.

요한 바오로 2세 교황은 공산 국가 출신의 교황으로서 조국 폴란드에서 마르크스주의의 독재 체제를 속속들이 체험한 인물이었습니다. 요한 바오로 2세는 나치에 대한 반감 이상으로 마르크스주의에 반감을 갖고 그리스도 신앙에 근거하여 생명권을 비롯한 모든 인간의 권리와 인간 존엄성을 철저하게 옹호했습니다. 또한 연속적으로 많은 문헌을 발표하여 자신의 생각을 널리 알렸습니다.

앞에서 언급했듯이, 교황은 선출 직후에 "예수 그리스도는 찬미받으소서."라는 말로 인사말을 시작했고, 취임 미사 강론에서도 "그리스도를 향해 문을 활짝 열어젖히십시오!"라고 촉구했습니다. 이러한 교황의 그리스도 중심적인 생각은 1979년 3월에 발표된 첫 번째 회칙 〈인간의 구원자〉에서도 드러납니다. "인간의 구원자 예수 그리스도께서는 우주와 역사의 중심이시다."라는 말로 시작되는 이 회칙은 '교회의 길은 인간이며, 인간의 길은 그리스도'라는 확고한 메시지를 던집니다. 교황은 이런 생각을 중심으로 인간성을 파괴하는 모든 사상과 사조들을 비판했습니다. 또한 "계획되고 조직적이고 정치 체제의 구조를 갖추고 있는 무신론"을 비판했는데, 이는 공산주의에 대한 분명한 경고일 뿐만 아니라 '소비 문명'에 빠져 하느님을 망각하기에 이른 자본주의 사회에 대한 비판이기도 합니다. 그리고 세계를 분할하여 통치하는 두 체제에서 자행되는 엄청난 군비 투자를 단죄했습니다.

1980년 11월에 발표된 두 번째 회칙 〈자비로우신 하느님〉에서 교황은, 하느님의 자비에 대해 고찰하면서 인간의 존엄성이 갈수록 위협받는 세상에서 사람들에게 자비를 보이라고 촉구했습니다. 1981년 9월에는 레오 13세 교황의 회칙 〈새로운 사태〉 반포 90주년을 맞아 회칙 〈노동하는 인간〉을 발표했습니다. 교황은 전 세계적으로 불평등과 불의가 확산되는 가운데 빈번하게 발생하는 인간 노동에 관한 문제를 언급하면서, 자본주의자나 마르크스주의자의 입장이 아니라 노동자들의 권리와 노동의 존엄성에 기초한 새로운 경제 질서를 요청했습니다.

공산주의에 대해 비판적이었던 요한 바오로 2세는 그리스도 신앙에 근거한 인간의 존엄성과 사회 정의에 대한 확고한 의식을 지녔기에 공산주의에 대해 비판적일 수밖에 없었습니다. 교황이 된 다음 해인 1979년 이후 폴란드를 거듭 방문하여 레흐 바웬사가 이끄는 자유 노조에 대한 지지를 공개적으로 표명했습니다. 이는 폴란드뿐만 아니라 동구권의 민주화에 큰 도움이 되어 공산주의의 몰락을 가속화했습니다. 하지만 이 때문에 교황은 비싼 대가를 치러야 했습니다. 1981년 5월 13일, 요한 바오로 2세는 성 베드로 광장에서 일반 알현 중에 터키인 마흐메트 알리 아그자의 총격을 받아 목숨을 잃을 뻔했습니다. 암살 기도에 대한 정확한 배후는 아직 밝혀진 바는 없지만, 심각한 위기감을 느낀 소련의 사주로 일어난 사건으로 추정됩니다.

다행히 요한 바오로 2세 교황은 1년 만에 건강을 회복하여 계속 왕성하게 활동했습니다. 1987년 12월에는 사회적·국제적 위기에 대한 관심을 표명하는 회칙 〈사회적 관심〉을 발표했는데, 이 회칙은 당시 소련 공산당 서기장인 미하일 고르바초프에게 깊은 인상을 주었다고 합니다. 요한 바오로 2세는 1989년 12월 1일 바티칸에서 고르바초프를 접견하여 그가 추진하던 개혁과 개방 정책에 지지를 표명함으로써 냉전 종식에 힘을 실어 주었고, 이듬해에는 바티칸과 소련과의 외교 관계가 수립되었습니다.

많은 사람들은 요한 바오로 2세 교황이 동유럽의 공산주의 붕괴에 기폭제 역할을 했다는 데에 동의합니다. 하지만 교황 자신은 그러한 평가에 동의하지 않고, 체제로서의 공산주의는 자신의 오류와 남용에서 오는 귀결로 스스로 무너졌다고 주장했습니다. 또한 요한 바오로 2세는 공산주의의 몰락을 자본주의의 승리로 단정하지 않았습니다. 교황은 공산주의에 대해 매우 비판적이었음에도 불구하고 공산주의의 좋은 점, 곧 실업에 반대하는 투쟁, 가난한 사람들에 대한 염려 등은 부정하지 않았습니다. 아울러 공산주의에는 사회적인 것에 대한 염려가 있었음에 비해 자본주의는 매우 개인주의적이라고 지적하면서, 서방 세계가 과도한 물질 만능주의 풍토 때문에 도덕과 신앙심이 퇴보한다는 점도 비판했습니다. 이런 관점은 1991년 5월에 발표한 회칙 〈백주년〉에서 잘 드러납니다.

세상의 선교사

요한 바오로 2세 교황은 '순례자 교황'이라 불린 바오로 6세 교황의 길을 이어 갑니다. 요한 바오로 2세는 재위 기간 동안 거의 매해 여러 차례 해외 사목 방문을 함으로써 전 세계를 상대로 한 선교사로서의 교황의 모습을 분명하게 드러냈습니다. 현대 교황들 중에서 지역 교회를 찾아 여행을 시작한 것은 바오로 6세였는데, 그는 모두 아홉 번의 여행을 했고, 그 여행의 목적지에는 상징적 의미를 지닌 장소가 선별되었습니다. 그곳에는 예루살렘 성지, 유엔, 동방 정교회의 본산인 이스탄불, 세계교회협의회가 위치한 제네바, 각 대륙이 포함되었습니다. 이에 비해 요한 바오로 2세의 경우에는 여행 횟수가 크게 증가하여 여행이 교황의 통상적 활동의 일부가 되었습니다. 요한 바오로 2세는 다른 무엇보다도 민족들에게 설교하고 새로운 복음화를 실현하는 데에 큰 관심과 열정이 있었습니다. 교황이 세상 곳곳을 방문한 데에는 만민에게 복음을 전해야 한다는 강한 사명감이 자리하고 있었던 것입니다.

요한 바오로 2세 교황은 선출 다음 해인 1979년 1월, 멕시코를 방문해 푸에블라에서 '라틴 아메리카 주교회의 총회'를 개최한 것을 시작으로 2004년까지 총 104번의 해외 순방을 했습니다. 교황이 평생 동안 해외 순방한 거리만 거의 200만 킬로미터에 달합니다. 방문지에는 전 세계의 유명 성모 성지, 이를테면 아일랜드의 노크, 폴란드의 쳉스토호바, 포르투갈의 파티마, 멕시코의 과달루페, 브라질의 아파레시다, 프랑스의 루르드 등도 포함되었는데, 이는 요한 바오로 2세의 각별한 성모 신심을 드러내는 것이기도 합니다. 교황은 자신의 문장에 성모 마리아께 대한 전적인 헌신을 의미하는 '온전히 당신의 것Totus Tuus'이라는 표어를 넣을 정도로 성모 신심이 돈독했습니다. 1987년 3월에는 성모 마리아에 관한 회칙 〈구세주의 어머니〉를 발표하기도 했습니다.

바오로 6세 교황은 여행 중에 비행기 내에 기자들을 동승하게 했지만, 그들과 대담이나 회견을 갖지는 않았습니다. 지나가면서 가볍게 인사를 하는 정도였고, 바티칸 알현 규칙에 따라 기자들이 교황에게 질문을 던지는 것은 금지되었습니다. 하지만 요한 바오로 2세 교황은 첫 여행 때부터 기자들의 질문을 받고 모든 질문에 즉석에서 답변을 하여 새로운 취재 분위기를 만들어 냈습니다. 어떤 면에서 요한 바오로 2세는 매스컴을 적극적으로 활용했다고 할 수 있습니다.

　요한 바오로 2세 교황은 어느 지역을 방문하든지, 방문지에 도착 즉시 무릎을 꿇고 엎드려서 땅에 입을 맞추었습니다. 이는 교황이 사제로서 첫 본당에 도착했을 때부터 한 행동으로, 요한 마리아 비안네 성인에게 본받은 행동이었습니다. 또한 교황은 엄청난 군중 앞에서 미사를 봉헌하면서 시대의 요구에 부응해 도전적인 연설을 했는데, 연극배우 출신다운 재능, 즉 다양한 언어 구사 능력, 대중 친화력, 유머 감각 등으로 군중의 마음을 휘어잡았습니다.

　요한 바오로 2세 교황은 한국 천주교회에 각별한 관심과 애정을 가졌던 것으로 알려져 있습니다. 아마도 교황 자신이 나치 독일과 소련 공산주의 지배하에서 큰 고통을 겪었기 때문에 일제의 식민 통치의 고통과 남북 분단의 아픔을 겪는 한국을 각별하게 생각했던 것 같습니다. 이런 점은 김수환 추기경의 증언을 통해서도 확인할 수 있습니다.

　1978년 10월 22일, 요한 바오로 2세 교황의 취임 미사에서 추기경들이 차례로 새 교황에게 나아가 존경과 순명을 약속하는 자리에서 있었던 일입니다. 김 추기경 차례가 되자 요한 바오로 2세는 "나는 한국을, 특히 북한을 늘 마음에 두고 기도하고 있습니다."라고 말했습니다. 뜻밖의 놀라운 말을 들은 김 추기경은 교황에게 거듭 감사하다고 말하면서 "언제 꼭 한번 한국을 방문해 주십시오." 하고 청했습니다. 교황은 이를 잊지 않고 있다가, 후에 김 추기경에게 "그대가 나를 가장 먼저 초대했어."라고 말하기도 했습니다.

몇 년이 지나, 이 초대는 결실을 맺습니다. 요한 바오로 2세는 한국 천주교회 설립 200주년을 맞아 1984년 5월, 역대 교황 가운데 처음으로 한국을 방문한 것입니다. 교황은 한국 방문 중에 미사를 한국어로 집전하기 위해 몇 달 동안 개인적으로 한국어 강습을 받았고, 방한 도착 성명도 한국어로 시작했습니다. "'벗이 있어 먼 데서 찾아오면 이 또한 기쁨이 아닌가.' 하는 말씀을 우리는 공자님의 《논어》 첫머리에서 듣습니다. 이 말씀을 받아 '벗이 있어 먼 데로 찾아가면 그야말로 큰 기쁨이 아닌가.'라고 말하고 싶습니다." 이어서 영어로 계속하다가 마지막 부분은 다시 한국어로 마무리했습니다. "여러분과 여러분의 가정에, 그리고 한반도의 온 가족에게, 평화와 우의와 사랑을 베푸시는 하느님의 축복을 빕니다. 감사합니다."

방한 기간 동안 교황은 서울뿐만 아니라 5.18 민주화 운동의 현장인 광주를 방문해 아픈 마음을 위로해 주고, 소외와 고통

1984년 5월 6일, 서울 여의도 광장에서 열린 한국의 순교 복자 103위 시성식을 주례한 요한 바오로 2세. 사진 ⓒ 가톨릭신문사

속에 사는 소록도의 나환자들을 방문해 위로해 주었습니다. 또한 대구에서 사제 서품 미사를 집전하고 부산에서는 수십만 명의 노동자들과 만났습니다. 그 외에도 많은 행사와 만남이 있었는데, 방한의 정점은 여의도에서 100만 명에 가까운 신자들이 모인 가운데 열렸던 한국 순교 복자 103위의 시성식이었습니다. 이 시성식은 역사상 처음으로 로마 밖에서 거행된 것이기도 합니다.

요한 바오로 2세 교황은 1989년 10월, 서울에서 열린 제44차 세계 성체 대회의 폐막 미사를 집전하기 위해 한국을 두 번째로 방문했습니다. 교황은 65만여 명이 운집한 여의도 광장에서 남북 간의 화해를 바라는 평화 메시지를 낭독하기도 했습니다. 이렇게 두 번의 교황 방문은 한국의 가톨릭 신자들의 숫자가 비약적으로 증가하는 계기가 되었습니다.

그리스도교 일치와 세계 평화를 위한 노력

요한 바오로 2세 교황은 전임자인 요한 23세 교황과 바오로 6세 교황이 의욕적으로 추진한 그리스도교의 일치, 타종교들과의 화합을 위한 대화에도 적극적으로 나섰습니다. 1979년 터키 방문에서는 동방 정교회 총대주교와 교황이 서로 상대방의 전례에 참여했습니다. 1982년에는 교황으로서 영국을 첫 번째로 방문하여 엘리자베스 2세 여왕과 영국 성공회의 캔터베리 대주교를 만나 로마 가톨릭 교회와 성공회의 교회 일치를 위한 대화를 발전시키기로 합의했습니다. 또한 1054년 동서 교회의 분열 이후 처음으로 동방 정교회 국가인 루마니아와 그리스를 방문하여 정교회 성직자들과 함께 기도했습니다.

요한 바오로 2세는 1995년 5월에 교회 일치를 주제로 한 교황 회칙 〈하나 되게 하소서〉를 발표했습니다. 교황은 회칙을 통해 2000년 대희년을 바라보며 그동안의 교회 일치를 위한 노력을 결산하고 전망하면서, 자신은 교황 수위권 자체를 토론에 부치고 수위권을 행사하는 형태에 대해 협상할 자세가 되어 있다고 밝혔습니다. 이는 1967년 4월 28일, 바오로 6세 교황이 제네바의 세계교회협의회를 방문했을 때 "교황이 교회 일치 운동의 길에 가장 중대한 장애"라고 한 발언보다 한 걸음 더 나아간 것입니다. 요한 바오로 2세는 베드로의 직무가 교회 일치에 장애를 초래한다면 그 장애를 제거하기 위해 무엇을 할 수 있는지 생각해 보자고 제안했습니다. 또한 회칙을 통해 이렇게 말했습니다. "수위권의 사명에 대한 본질을 포기하지 않으면서 새로운 상황에 개방적 수위권 행사 방식을 강구하라는 요구에 유의할 때 저는 특별한 책임을 느낍니다. …… 관련 당사자들이 모두 인정하는 사랑의 봉사를 실현할 수 있는 직무 형태를 우리가 함께 찾을 수 있게 해 주시기를 간절히 기도드립니다." 아울러 교황은 "이 주제에 대한 형제적이고 꾸준한 대화"를 하자고 권고했습니다.

요한 바오로 2세 교황은 유대교와의 대화에 적극적으로 나섰는데, 여기에는 유년 시절의 체험이 큰 영향을 미쳤다고 추정됩니다. 교황이 어린 시절을 보낸 고향 바도비체는 인구 7천 명중 2천 명이 유대인이어서 토요일마다 안식일 예배를 위해 마을 회당에 가는 유대인들을 보는 것이 일상적인 모습이었습니다. 당시 함께 지내던 학교 친구들도 상당수가 유대인이었고, 교황이 된 후에도 우정을 나누는 유대인 친구들이 있었습니다. 요한 바오로 2세는 어린 시절부터 유대인들과 지속적인 관계를 가졌던 것입니다. 그러나 1930년대 중반부터 독일에서 시작된 반유대주의가 고향 마을까지 전파되었고, 교황은 유대인들이 핍박을 받고 급기야 강제 수용소로 끌려가는 모습을 목격했습니다. 유대인의 친구로서 인종 청소를 지켜본 증인이었던 것입니다.

교황은 유년기에도 고향 마을에서 여러 번 유대교 회당을 방문했고, 크라쿠프 대교구장 시절인 1969년 2월 28일에는 그곳의 유대교 회당을 방문하기도 했습니다. 1986년 4월 13일에는 교황으로서는 처음으로 로마에 있는 유대교 회당을 방문해 유대인 청중들에게 "각별히 친애하는 우리 형제들"이며 "어느 면에서는 우리 형님들"이라는 말을 남겼습니다. 이런 전통은 후임 교황들에게도 이어져, 베네딕토 16세는 2010년 1월 17일, 프란치스코 교황은 2016년 1월 17일에 같은 회당을 방문합니다. 요한 바오로 2세는 사목 방문 중에 해당 국가에서 가능한 대로 유대 공동체의 대표자들과 만나려고 했습니다.

또한 교황은 1986년 10월에 세계 주요 종교 지도자들을 아시시로 초청하여 '세계 평화를 위한 기도의 날'을 개최했습니다. 그 자리에 모인 이들과 함께 기도하는 가운데 사회 정의와 생태계 보전 그리고 모든 폭력의 종식을 호소했습니다. 1999년 3월에는 이란의 모하마드 하타미 대통령을 만나 11세기 이후 처음으로 그리스도교와 이슬람 세계의 정상이 문명의 화해를 위해 노력하겠다고 다짐했습니다. 2001년 5월에는 시리아를 방문하여 교황으로서는 처음으로 이슬람 사원인 모스크를 찾아가기도 했습니다.

제2차 세계 대전의 비극을 몸소 겪은 요한 바오로 2세 교황은 세계 평화를 위해 더욱 적극적으로 목소리를 높였습니다. 1982년 5월과 6월에는 포클랜드 섬의 영유권을 두고 전쟁을 벌이고 있는 영국과 아르헨티나를 차례로 방문하여 평화를 호소했습니다. 교황의 영국 방문은 이미 오래전에 계획된 것이었지만, 전쟁 당사국이기에 방문을 취소해야 한다는 주위의 권유를 뿌리치고 전쟁 종식을 위해 영국은 물론, 추가로 아르헨티나까지 방문한 것입니다. 1983년 3월에는 내란으로 분열된 중앙아메리카를 방문하여 비폭력적 방법으로 해결책을 찾기를 촉구했습니다.

특히 요한 바오로 2세 교황은 1990년 8월에 중동 지역에서 발발한 걸프전과 관련해, 국제 사회에 치열하고 끈질기게 호소하고 개입했습니다. 교황은 처음에는 전쟁 발발을 저지하기 위해, 그다음에는 종전을 앞당기기 위해, 마지막에는 전쟁의 참화를 재건하기 위해 분주하게 활약했습니다. 또한 1990년 말, 성탄 메시지를 통해 "전쟁은 돌이킬 수 없는 모험임을 책임자들은 절감해야 합니다."라고 경고했습니다. 걸프전이 한창이던 1991년 2월 14일, 로마 본당 신부들에게 행한 강론에서는 "이 전쟁의 후속 결과로 국민들이 폭넓고 보편적인 연대성을 향해 걸어 나가는 대신, 서로 원수가 될 수 있다는 것을 깊이 우려합니다."라고 말했습니다. 그리고 이 우려는 2001년 9월 11일, 뉴욕의 쌍둥이 빌딩과 워싱턴 D. C. 근교의 국방부 본부에 대한 이슬람 과격분자들의 테러 공격을 시작으로 현실이 됩니다.

교황은 1991년 6월에 유고 연방에서 내전이 발발하여 인종 학살이 자행되자 평화적 해결을 호소했고, 1993년 6월 15일에는 오랜 숙제였던 이스라엘과의 외교 관계 수립을 실현시켰습니다. 1998년 1월에는 교황으로서 최초로 쿠바를 방문했는데, 방문 중에 쿠바에 대한 미국의 제재뿐만 아니라 쿠바 정부의 종교 자유에 대한 제한 정책도 날카롭게 비판했습니다.

2000년 대희년을 맞아 요한 바오로 2세 교황은 암살의 위협을 무릅쓰고 이스라엘을 방문해서 이스라엘과 팔레스타인 간의 유혈 분쟁을 막기 위해 노력했습니다. 2003년에는 이라크 전쟁의 재발을 저지하기 위해 이라크의 사담 후세인 대통령과 미국의 조지 부시 대통령에게 특사를 파견하고, 유엔 사무총장을 비롯한 관련국 수반들을 차례로 만나 설득하는 등 혼신의 힘을 기울였습니다. 전쟁 발발 직전인 2월 23일, 교황은 분노하여 외치듯이 경고했습니다. "인류의 미래가 그래서는 절대 안 됩니다! 테러로, 전쟁의 논리로 미래가 보장되는 일은 절대 없습니다! 절대 안 됩니다!" 그러나 교황의 이런 노력에도 불구하고 3월 20일 밤, 이라크에 대한 미국의 공습이 시작되었습니다. 교황은 대변인을 통해 외교에 맡긴 시간이 끝났다는 부시 대통령의 발언을 비판했습니다. "국제법이 허용하는 평화의 수단이 다했다고 결정하는 사람은 하느님 앞에, 자기 양심 앞에 그리고 역사 앞에 중대한 책임을 지는 것입니다."

교회 내의 일치를 위한 결단들

제2차 바티칸 공의회 이후에 두 가지 극단적 흐름이 교회 내의 일치를 위협했습니다. 하나는 공의회의 개혁이 미진하다고 여기면서 기존의 질서와 제도를 강도 높게 비판하는 급진 개혁주의자들이고, 다른 하나는 공의회의 결정을 받아들이지 않고 반기를 드는 전통주의자들이었습니다. 바오로 6세 교황은 공의회를 둘러싼 갈등 상황이 분열로 치닫지 않도록 많은 노력을 기울였습니다. 요한 바오로 2세 교황도 '양 떼들의 일치'를 위해 노심초사하기는 마찬가지였지만, 그 일치를 위해 단호한 결단을 피하지 않았습니다.

요한 바오로 2세는 가톨릭 교회의 교리에 어긋나는 주장을 한다고 판단되는 신학자들에게 순응을 요구했고, 불응하는 경우에는 제재도 불사했습니다. 이와 관련해 가장 유명한 사건은 1979년 12월, 독일 튀빙겐 대학교의 신학 교수인 한스 큉 신부의 가톨릭 교수 자격을 박탈한 일입니다. 한스 큉은 1970년에 교황 무류권(교황이 교회의 최고 목자이자 스승 자격으로 신앙이나 도덕에 관해 지켜야 할 교리를 확정적 행위로 선언할 때 그 가르침은 오류가 없다는 것)에 대한 이의를 공개적으로 제기하여 신학계에 격렬한 논쟁을 불러일으켰는데, 사실 그는 이전부터 신학적 이견으로 로마와 계속 갈등을 빚어 왔습니다. 당시 바오로 6세 교황은 파국까지 이르지 않도록 많이 인내했지만, 요한 바오로 2세는 이런 갈등 관계를 제재 조치로 끝냈습니다. 한스 큉의 가톨릭 신학 교수 자격을 박탈함으로써 더 이상 가톨릭 교회의 이름으로 가르칠 수 없도록 결정한 것입니다. 가톨릭 신학자는 가톨릭 교회 교의의 범위 내에서 활동할 때만 '가톨릭적'이라고 일컬어질 수 있다는 것이 요한 바오로 2세의 확고한 입장이었습니다.

한스 큉 사건은 전 세계적으로 열띤 찬반 논쟁을 불러일으켰습니다. 이 논쟁의 여파가 아직 가시지 않은 1980년 11월, 요한 바오로 2세는 독일을 사목 방문했습니다. 11월 18일에 교황은 알퇴팅의 성 콘라드 수도원에서 독일 신학자들과 만났는데, 이 자리에서 가톨릭 신학자에 대한 자신의 견해를 분명하게 밝혔습니다.

요한 바오로 2세 교황은 신학은 전문성을 지닌 학문이기는 하지만 "신앙을 전제로 해야 하며", 가톨릭 신학자는 "교회의 이름으로, 교회의 위임을 받아" 교육해야 한다는 점을 상기시켰습니다. 그리고 신학자는 "새로운 주장들을 제시할 수 있고 마땅히 그래야 하지만, 그의 주장은 단지 교회를 향한 하나의 제안일 뿐"임을 잊으면 안 된다고 못을 박았습니다. 이어서 신학자와 교회 사이에 불일치가 있다면, 그것을 재검토하는 것은 바로 신학자의 몫이라고 단언했습니다. 이런 입장은 공의회 이후 일단의 신학자들이 신학자의 권위를 교도권과 거의 대등한 제2위 권위로 자처하는 것에 대한 분명한 반대이기도 합니다.

요한 바오로 2세의 입장은 1981년 11월에 신앙교리성 장관으로 임명한 요제프 라칭거 추기경(후에 베네딕토 16세 교황)을 통해 더욱 확고해졌습니다. 라칭거 추기경의 주도하에 다수의 신학자들이 가톨릭 교회 교의의 범위 내에서 활동할 것을 요구받거나 활동에 제재를 받게 되었습니다. 대표적인 인물로는 브라질의 해방 신학자 레오나르도 보프, 미국의 윤리 신학자 찰스 커런, 독일의 신학자 오이겐 드레버만, 벨기에의 신학자 자크 뒤퓌 등이 있습니다.

이런 단호한 조치 때문에 요한 바오로 2세 교황과 라칭거 추기경은 신학자의 자유를 부당하게 억압하고, 제2차 바티칸 공의회 이전의 로마 중심주의 교회로 회귀한다는 비판을 받았습니다. 1989년 1월 16일에는 독일·오스트리아·스위스·네덜란드의 신학자 163명이 서명한 '쾰른 선언'이 발표되었습니다. 이 선언은 '새로운 로마 중앙 집권'을 비난하면서 '교황의 교도권 관할'을 확대하려는 것은 용납할 수 없으며, 주교들은 필요하다면 공개적으로 교황에게 맞서라고 촉구했습니다. 그 직후 2월 20일에는 프랑스와 벨기에 신학자 130명이 성명을 발표했고, 이어서 플랑드르 신학자 52명, 스페인 신학자 62명, 이탈리아 신학자 63명이 반대 성명에 동참했습니다.

이 시기에 극단적 개혁주의자들만이 아니라 전통주의자들도 교회 내의 일치를 위협했습니다. 대표적으로 마르셀 르페브르 대주교와 그의 추종자 집단인 '성 비오 10세 형제회'가 있습니다. 르페브르는 제2차 바티칸 공의회의 결정을 고집스럽게 거부하면서 공의회 이전으로 돌아갈 것을 줄기차게 요구했습니다. 결국 1976년에 바오로 6세 교황은 그의 성무 집행을 정지시키는 결정을 내렸습니다. 하지만 르페브르는 이에 불복해 독자적으로 신학교를 세우고 불법적으로 사제들을 서품함으로써 교회 분열의 위기가 점점 고조되었습니다.

요한 바오로 2세는 교황 선출 후 한 달 만인 1978년 11월에 르페브르 대주교를 접견하고 화해를 시도했습니다. 교황은 화해를 위한 협상을 지시하면서 협상 책임자들에게 제2차 바티칸 공의회에 반대되는 것이 아닌 한, 모든 방도를 시도해 보라고 권유하기까지 했습니다. 1988년 5월 5일, 양측이 협정서에 서명을 했지만, 르페브르 측에서 재협상을 요구하여 새로운 협상 결과를 도출하기에 이르렀습니다. 그중에는 83세의 연로한 르페브르 대주교의 후계자 확보를 위해 그의 추종자 그룹인 '성 비오 10세 형제회' 회원 중에서 한 명을 주교로 임명한다는 약속도 포함되어 있었습니다.

하지만 르페브르 대주교는 곧 이 합의를 위반하여 한 명이 아닌 여러 명의 주교를 임명하겠다고 선언했고, 교황청은 총력을 기울여 이를 막으려고 했습니다. 교황의 승인이 없는 주교 임명은 자동 파문에 처해지고, 이는 교회 분열로 귀결되기 때문입니다. 교회 분열을 막기 위해 경고, 간청 서한, 마지막에는 라칭거 추기경이 교황의 개인 초청장까지 발송했지만 성과를 거두지 못했습니다. 르페브르는 1988년 6월 30일, 스위스 에콘에서 주교 네 명을 교황의 승인 없이 독단적으로 서품했습니다. 요한 바오로 2세는 7월 2일에 자의 교서 〈하느님의 교회〉를 발표하여 주교로 축성된 네 명과 그 축성식을 거행한 르페브르를 포함한 두 명의 주교에게 파문을 선고했습니다.

이런 뼈아픈 분열 직후, 교황청은 피해를 최소화하기 위해 '성 베드로 형제회'를 설립했습니다. 이는 제2차 바티칸 공의회의 전례 개혁에 반대하지만 로마 가톨릭 교회 안에 남아 있기를 원하는 이들을 위한 단체였습니다. 실상 르페브르파 내에서도 공의회에 근본적으로 적대적인 핵심 그룹만이 아니라 단지 공의회 이전의 전례에 향수를 느끼는 신자들도 있었습니다. 이들을 위해 설립된 '성 베드로 형제회'에는 제2차 바티칸 공의회 이전의 라틴어 전례 거행이 허락되었습니다. 1998년 10월, 라칭거 추기경은 바티칸에서 이들을 공식 접견했는데, 그들은 대략 2천 명 정도였고 대부분이 프랑스인이었습니다.

해방 신학과의 갈등

1960년대에 라틴 아메리카에서는 제2차 바티칸 공의회의 영향을 받아 해방 신학이 태동합니다. 라틴 아메리카는 군부 독재에 의한 정치적 억압, 부의 극심한 불평등, 절대적 빈곤 등으로 신음해 왔는데, 1968년 콜롬비아 메데인에서 개최된 제2차 라틴 아메리카 주교단 총회는 이런 현실을 명시적으로 언급했습니다. 총회에서는 라틴 아메리카의 사회적 상황을 '만연된 소외 상태, 지나친 불평등, 증가하는 좌절감, 피지배 계층에 대한 지배 계층의 억압, 권력의 남용' 등으로 요약하면서 이를 '제도화된 불의'라고 규정했습니다. 그리고 이런 억압적 상황은 하느님의 정의에 위배되는 것으로서, 교회는 이를 제거하기 위해 적극적으로 나서야 한다고 천명했습니다.

이런 배경에서 라틴 아메리카의 구체적 상황에 응답하기 위해 해방을 주제로 삼아 성경과 교회 전통에 대한 새로운 해석이 탄생하게 되었는데, 바로 이를 '해방 신학'이라고 부르게 됩니다. 해방 신학은 서구 신학계는 물론, 유사한 상황에 놓여 있는 개발 도상국 신학자들에게 큰 영향을 주었지만 동시에 격렬한 논쟁도 불러일으켰습니다. 정치적·경제적 해방과 구원과의 관계, 가난한 이들에 대한 우선적 선택과 그리스도교의 보편적 구원의 관계, 현실 분석을 위한 마르크스주의 방법론의 사용 여부, 폭력의 사용 문제 등이 주요 쟁점이었습니다.

신앙교리성은 요한 바오로 2세 교황의 인준을 받아, 1984년 8월 6일, 〈자유의 전갈-해방 신학의 일부 측면에 관한 훈령〉을 발표합니다. 문헌의 요지는 해방 신학이 주장하는 '가난한 이들을 위한 우선적 선택'과 같은 원칙은 높이 평가하지만, 계급 투쟁과 같이 마르크스주의에서 사용되는 방법론과 개념은 받아들일 수 없다는 것이었습니다. 이런 점은 이미 훈령의 머리말에서 분명하게 나타납니다.

"이 훈령은 마르크스주의 사상의 여러 경향으로부터 빌려 온 개념들을 충분한 비판 없이 사용하고 있는 일부 해방 신학의 형태에 의해 초래되는, 그리스도인의 생활과 신앙을 손상시키는 일탈 또는 일탈의 위험에 대해, 사목자들, 신학자들, 그리고 모든 신자들의 주의를 환기시키는 데에 문헌의 목적이 있다. …… 그러나 이러한 경고는 결코 진정한 복음 정신으로 '가난한 사람들을 위한 최우선의 선택'에 헌신적으로 응답하고자 하는 모든 사람들에 대한 비난으로 해석될 수 없다."라고 밝힙니다. 한마디로 가난한 이들에 대한 옹호는 찬성하지만 마르크스주의의 영향을 받아서는 안 된다는 것입니다.

  이 문헌은 해방 신학의 긍정적인 의도를 인정하면서 일부 측면을 비판한 것인데도 마치 해방 신학 전체가 단죄된 것처럼 오해하는 이들이 적지 않았습니다. 이로 인해 뜨거운 논쟁이 벌어졌고, 해방 신학의 옹호자들은 요한 바오로 2세 교황과 요제프 라칭거 추기경을 거세게 비난했습니다. 이런 논란을 잠재우려는 듯 신앙교리성은 20개월 후인 1986년 3월 22일, 해방 신학에 대한 두 번째 문헌 〈자유의 자각-그리스도인의 자유와 해방에 관한 훈령〉을 발표했습니다.

  이 훈령은 인간의 진정한 해방은 바로 그리스도가 제시한 해방이라는 점을 상기시키면서, 해방 신학의 중요한 측면을 부각시켜 긍정적 어조로 설명했습니다. 훈령에서는 '가난한 이들을 위한 우선적 선택'은 정당할 뿐만 아니라 교회의 의무라고 천명하고, '사회적 죄악'과 '불의로부터 야기된 구조'에 대해서도 언급해야 한다는 점을 강조했습니다. 또한 '인간의 해방을 위한 품위 있는 투쟁'을 위해 필요한 가치 기준을 제시했습니다.

요한 바오로 2세 교황은 자신이 승인한 신앙교리성의 두 훈령을 통해 로마는 해방 신학을 비판적으로 검토하면서도 수용 가능한 해방의 메시지는 받아들이겠다는 입장을 밝힌 셈이었습니다. 요한 바오로 2세는 해방 신학의 긍정적인 측면을 분명하게 인정하면서도 마르크스주의와 연계되는 것에 대해서는 계속해서 반대했습니다. 1990년 5월, 멕시코를 방문했을 때 사제들에게 이런 점을 분명하게 경고했습니다. "세계가 특정 이데올로기와 체제의 실패를 목도하기 시작하는 때에 이 땅에서 교회의 아들 중 일부가 빠른 해결책을 찾으려는 갈망으로 이미 세계의 다른 곳에서 실패한 모델들을 제시하는 것을 고집하고 있습니다. …… 계급 간의 증오와 폭력을 주입시키는 투쟁이나 이데올로기를 주장하는 삶의 비전을 수용하거나 허락하지 않도록 주의하십시오. 여기에는 신학적 글쓰기로 자신을 숨기려는 이들이 포함됩니다." 마르크스주의에 대한 요한 바오로 2세의 철저한 거부감은 교황이 고국 폴란드에서 공산 정권의 압제를 몸소 체험한 것과도 무관하지 않을 것입니다.

전통적 윤리관

요한 바오로 2세 교황은 교황이 되기 전부터 혼인과 가정, 인간 생명에 큰 관심을 갖고 있었습니다. 이미 1960년에 이런 주제와 관련해 《사랑과 책임》이라는 제목의 저서를 출간했으며, 교황이 된 후에도 다른 이들에게 생명의 가치와 가정의 소중함을 일깨우기 위해 부단히 노력했습니다. 교황은 1981년 11월, 사도적 권고 〈가정 공동체〉를 발표하여 현대 세계에서 그리스도교인 가정의 역할을 설명했습니다. 문헌은 현대 가정의 밝은 면과 어두운 면에 대해 고찰한 다음, 성경과 전통에 근거해 혼인과 가정에 대한 하느님의 계획을 해설했습니다. 이어서 그리스도인 가정은 네 가지 기본적인 임무, 곧 진정한 인간 공동체의 형성, 생명에의 봉사, 사회 발전에 참여, 교회의 삶과 사명에 참여할 임무가 있음을 명시한 다음, 가정에 대한 사목적 배려 방안을 제시했습니다.

요한 바오로 2세 교황은 1993년 8월에 발표한 회칙 〈진리의 광채〉에서 현대 윤리 신학에서 쟁점이 되는 사안들과 관련해 성경과 사도적 전승에 근거한 윤리적 가르침의 원리들을 제시했습니다. 그러면서 동성애와 낙태, 안락사, 인공 피임, 인간 복제, 사형 제도 등을 '하느님의 의도와 자연법칙을 어기는 행위'라고 규정했습니다. 1995년 3월에는 인간 생명의 가치와 불가침성을 주제로 한 회칙 〈생명의 복음〉을 발표했습니다. 교황은 이 회칙에서 오늘날 생명에 관한 기본권이 짓밟히고 있는 상황과, 세계 곳곳에서 통탄할 만한 불의와 억압이 더욱 심화되고 있는 상황을 개탄하면서, 인간 생명의 가치와 불가침성을 분명하고 단호하게 재천명했습니다. 아울러 인간 생명을 존중하고 보호하고 사랑하며, 이를 위해 인간 생명에 봉사하는 새로운 문화를 건설하라고 촉구했습니다.

또한 요한 바오로 2세 교황은 성직자의 결혼 허용은 물론, 여성의 사제 서품에도 단호한 반대 의사를 밝혔습니다. 더욱이 1994년 5월에 교서 〈남성에게만 유보된 사제품에 관하여〉를 발표하여 여성에게 사제품을 수여할 수 없다고 선언하면서 이 주제에 대한 토론 자체를 금지했습니다. 요한 바오로 2세에 앞서 바오로 6세 교황도 1976년 10월에 신앙교리성이 발표한 〈여성 교역 사제직 불허 선언 Inter insigniores〉을 통해 여성에게 사제 서품을 허용할 수 없다는 입장을 천명했습니다.

요한 바오로 2세는 윤리 문제, 사제 독신 자유화 문제, 여성 사제 서품 문제와 관련해 온갖 이견에도 불구하고 흔들림 없이 가톨릭 교회의 전통적인 입장을 고수했습니다. 여기에는 제2차 바티칸 공의회 이후에 활발하게 진행된 신학 토론과 논쟁의 여파로 흔들리게 된 교회의 가르침과 규율을 다시 확고하게 지키려는 의도가 있었다고 추정됩니다.

　하지만 교황의 이런 엄격하고 보수적인 입장에 대해, 특히 여성 사제 서품이 불가하다는 확고한 입장에 대해 자유로운 분위기에 익숙한 미국과 유럽에서는 반발하는 이들이 적지 않았습니다. 교회가 여성들에게 주는 공간이 충분하지 않다는 불만이 커졌고, 여성들이 교회의 모든 직무에 접근할 수 있는 방향으로 가야 한다는 요청도 증가했습니다. 요한 바오로 2세는 독일, 스위스, 네덜란드, 미국을 사목 방문했을 때 여성들과 수녀들에게서 이런 불만과 요청을 직접 들어야만 했습니다. 교황은 이런 의견을 최대한 청취했지만, 교리와 규율을 옹호하는 것에서는 결코 물러서지 않았습니다.

　1980년대 중반 이후에는 독일, 오스트리아, 스위스, 네덜란드에서 생명 문제, 사제 독신제, 여성 사제 서품 문제와 관련해서 전통적인 교회 입장을 옹호하는 인물들이 주교로 임명되면서 지역 교회의 반발의 강도는 더욱 높아졌습니다.

　1985년 5월, 요한 바오로 2세 교황이 네덜란드와 벨기에를 방문 중이던 5월 11일, 네덜란드 덴 보쉬 대성당에서 교황이 임명한 주교가 너무 보수적이어서 받아들일 수 없다는 불만을 공개적으로 듣게 되었습니다. 그러자 요한 바오로 2세는 로마의 결정을 받아 달라고 간곡히 호소했습니다. "여러분의 불만을 알게 되어 나도 마음이 아픕니다. 하지만 내가 참으로 사람들의 이야기를 듣고 숙고하고 기도했다는 사실을 확실히 알아주시기 바랍니다. 그리고 하느님 앞에서 가장 적임자라고 판단되는 사람을 임명했습니다. 그러니 그리스도의 이름으로 그를 받아 주십시오."

오스트리아에서도 신자들의 환영을 받지 못하는 주교들이 연달아 임명되자 그에 반발하여 교회를 나가는 사람이 급속히 증가했습니다. 그러자 교황은 1998년, 세 번째 오스트리아 방문 중에 잘츠부르크에서 가톨릭 신자들에게 이렇게 호소하기도 했습니다. "교회에서 나가지 마십시오! 교회 안에 들어가십시오!"

신앙의 일치와 활성화를 위한 노력

1985년 제2차 바티칸 공의회 폐막 20주년을 맞아 2주 동안 주교 특별 시노드가 개최되어 공의회의 실천 상황을 점검하고 평가했습니다. 그런 가운데 전 세계 교회를 위한 교리서가 필요하다는 의견이 제기되었습니다. 이 의견을 받아들인 요한 바오로 2세 교황은 신앙교리성 장관 요제프 라칭거 추기경을 가톨릭 교회의 새로운 교리 교육을 위한 준비 위원장으로 임명했습니다. 하지만 유럽, 특히 프랑스, 네덜란드, 독일의 일부 주교들은 이 계획의 이면에는 로마가 지역 교회들을 장악하려는 의도가 숨겨진 것이라고 의심하면서 비판의 목소리를 냈습니다. 라칭거 추기경은 트리엔트 공의회의 공식 교리서로 1566년에 간행된 《로마 교리서》의 장점을 역설하면서 비판의 목소리를 일축했습니다. 5년간의 준비 끝에 마침내 1992년 10월, 세계 가톨릭 교회에 통용되는 표준 교리서인 《가톨릭 교회 교리서》가 발간되었습니다.

제2차 바티칸 공의회 이후, 각국 주교회의에서는 나름의 교리서를 발간하려는 움직임이 있었습니다. 대표적으로 1966년 네덜란드 주교단의 요청을 받은 네덜란드의 신학자 약 150명이 5년간 준비한 끝에 《화란 교리서》를 발간한 일이 있었습니다. 이 교리서는 전래되어 온 그리스도교 신앙과 생활을 현대인이 잘 이해하고 수용할 수 있도록 새롭게 해석했는데, 단기간 내에 세계적인 주목과 호응을 받았습니다. 하지만 일각에서는 원죄, 인간의 기원, 천사, 성체 현존, 성모 마리아의 동정성, 산아 제한과 같은 주제에 대한 해석에 문제가 크다는 지적이 강력하게 제기되었습니다.

당시 바오로 6세 교황은 이런 이의 제기를 받아들여 추기경

위원회를 구성하여 《화란 교리서》의 검열을 맡기고 수정 지침을 내리게 했습니다. 공의회 이후에 일어난 이런 교리 해석 논쟁은 요한 바오로 2세 교황이 전 세계 교회를 위한 표준 교리서를 발간한 데에 적지 않은 영향을 미쳤을 것입니다. 교황에게는 교회가 신앙 안에서 일치를 이루도록 이끌어야 하는 임무가 있기에, 핵심 신앙 교리를 서로 다르게 해석하여 신자들에게 혼란을 가져오는 부작용을 막아야 할 중대한 책임이 있었습니다.

요한 바오로 2세는 신앙 교육에 큰 관심을 갖고 신앙의 활성화를 위해서도 많은 노력을 기울였습니다. 그중 하나가 활발한 시복과 시성입니다. 교황은 현대에는 삶과 죽음으로 신앙을 실천한 이들의 모범이 필요하다고 판단했고, 수많은 이들을 복자와 성인으로 선언한 것입니다. 교황의 재위 중에 147회의 시복식을 통해 1,338명이 시복되었고, 51회의 시성식으로 482명이 시성되었습니다.

또한 요한 바오로 2세 교황은 청년들을 각별히 사랑했는데, 그들의 신앙 활성화를 위해서 1986년에 '세계 청년 대회'를 창설했습니다. 세계 각지에서 청년들이 모이는 세계 청년 대회는 2년 또는 3년마다 대륙별로 개최되어 약 일주일 동안 다양한 행사를 진행하는데, 교황은 그 대회에 참석하여 폐막 미사를 집전했습니다. 미국 덴버, 캐나다 토론토, 필리핀 마닐라, 프랑스 파리, 이탈리아 로마 등에서 개최된 세계 청년 대회는 젊은이들에게 길이요 진리요 생명이신 그리스도, 사랑과 평화이신 그리스도를 심어 주는 데 크게 기여하고 있다고 평가됩니다.

2000년 대희년의 준비와 실행

요한 바오로 2세 교황이 교황으로 선출된 직후, 교황의 정신적 스승이며 오랜 동지였던 폴란드의 스테판 비신스키 추기경은 "새로운 교황의 임무는 교회를 제삼천년기로 인도하는 일일 것입니다." 하고 조언했습니다. 이 조언을 받아들인 교황은, 1994년 11월에 교서 〈제삼천년기〉를 발표하여 2000년 대희년의 준비 계획을 밝힙니다.

이 문헌에서는 대희년 준비를 두 단계로 구분합니다. 사전 준비 성격을 지닌 제1단계(1994~1996년)는 인류 역사에서 2000년 대희년의 가치와 의미에 대한 각성을 그리스도교 백성 안에서 불러일으키는 것을 목표로 했습니다. 이어서 3년 동안의 제2단계(1997~1999년) 준비는 삼위일체적 구조에 따라 진행됩니다. 첫째 해인 1997년은 성령의 힘으로 사람이 되신 성자 그리스도에 대해, 둘째 해인 1998년은 성령, 특히 그리스도의 제자 공동체 안에 계시는 그분의 성화 현존에 대해 깊이 숙고합니다. 마지막 셋째 해인 1999년은 '성부의 해'로서, 신앙인들의 시야를 넓혀 그들이 '하늘에 계신 아버지'의 전망 안에서 사물을 보게 하는 데에 목표를 둡니다.

두 단계의 준비 기간을 거친 후, 2000년 대희년을 맞이하게 되었는데, 1999년 12월에 〈기억과 화해-교회의 과거 범죄〉라는 문헌이 발표되었습니다. 국제신학위원회가 작성한 이 문헌을 통해 과거 교회가 하느님의 뜻을 빌미로 인류에게 저지른 각종 잘못에 대한 공식적 인정이 최초로 이루어졌습니다. 요한 바오로 2세 교황은 2000년 3월 12일 사순 제1주일에 성 베드로 대성전에서 미사를 집전하면서 이 문헌에서 고백했던 과거 교회의 잘못, 곧 갈릴레오 갈릴레이 등에 대한 이단 심문, 십자군 원정, 유대인에 대한 차별, 다른 종교와의 반목, 여성에 대한 억압, 그리스도교의 분열 등을 일일이 거론하면서 용서를 청했습니다. 교황은 새로운 천년기를 맞이하면서 교회가 저지른 잘못들에 대해 공개적으로 사죄하고 새로운 희망으로 새 출발을 하고자 했던 것입니다.

요한 바오로 2세 교황은 대희년을 결산하며 2001년 1월, 교서 〈새 천년기〉를 내놓습니다. 이어서 2002년 10월에 성모님에 관한 교서 〈동정 마리아의 묵주 기도〉를 발표했고 이를 통해 묵주 기도의 개혁을 감행했습니다. 전래되어 온 '환희의 신비', '고통의 신비', '영광의 신비'에 덧붙여 그리스도의 공생활을 내용으로 한 '빛의 신비'를 도입한 것입니다. 또한 2003년 4월에 회칙 〈교회는 성체성사로 산다〉를 발표했습니다. 교황은 이 회칙에서 "성체성사 안에 계신 그리스도의 얼굴" 앞에 멈추어 서서, 교회가 성체성사를 중심에 두고 거기에서 생명을 이끌어 내고 있으며, 모든 사람이 이를 새롭게 경험하도록 재촉해야 한다고 강조했습니다.

병고와 노쇠의 십자가

요한 바오로 2세 교황은 생전에 '하느님의 육상 선수', '행동하는 교황'이라는 애칭을 얻을 정도로 건강하고 활동적인 인물이었습니다. 1981년 5월에 성 베드로 광장에서 총탄을 맞고 중태에 빠졌지만, 1년 후 자리에서 일어날 정도로 건강했습니다. 하지만 1990년 중반부터 파킨슨병을 비롯한 여러 합병증으로 왼손을 떨며 왼쪽 얼굴 근육이 경직되는 증상에 시달렸습니다. 이외에도 만성적인 무릎 관절염을 앓으며 급격히 허약해지기 시작했고, 보행 기구의 도움 없이는 걸을 수 없을 정도로 건강

1997년 6월 29일, 마더 데레사와 만나는 모습.

이 악화되었습니다.

   건강상의 많은 어려움 때문에 요한 바오로 2세 교황이 교황직을 사임하는 것이 아니냐는 추측도 무성했습니다. 실제로 사후에 공개된 유언장에서, 요한 바오로 2세가 그 당시에 교황직 사임도 진지하게 숙고했다는 사실이 밝혀지기도 했습니다. 하지만 요한 바오로 2세는 초인적 의지로 병고와 노쇠의 십자가를 지고 마지막까지 자신의 직무를 수행했습니다. 교황의 이런 모습을 보면서 '차라리 은퇴하는 것이 낫지 않을까?' 하고 생각하는 이들도 있었지만, 그와 반대로 감동을 받는 이들도 적지 않았습니다.

　1997년 여름, 파리에서 열린 세계 청년 대회 때 신문 기자가 한 젊은이에게 "당신은 왜 파리에 갑니까?"라고 질문하자, 젊은이는 "교황님을 만나러 갑니다."라고 대답했습니다. 이 말이 끝나기 무섭게 기자가 "교황은 저렇게 늙고 지치고 자기 몸 하나 제대로 가누지 못하는 사람인데 무엇 때문에 그를 만나러 갑니까?" 하고 되물었습니다. 그러자 젊은이는 "바로 그것 때문에 갑니다. 교회와 우리를 위해 자기 목숨을 내놓은 착한 목자를 만나기 위해서 파리에 가는 것이지요."라고 대답했습니다.

　요한 바오로 2세에게 비판적이었던 독일의 어느 신문은 교황의 선종 직후에 의미 있는 분석을 내놓았습니다. "교황이 어디를 가든지 매스컴은 그를 주목하면서 전 세계로 보도한다. 교황은 인간의 쇠약함과 병약함을 있는 그대로 전 세계에 보여 줌으로써 인간 존재에는 젊음과 건강만이 아니라 병고와 노쇠도 함께 속해 있다는 것을 보여 주려 했던 것 같다. 또한 인간이 자신의 병고와 노쇠, 죽음을 어떻게 대면해야 하는가를 삶으로 가르쳐 주었다."

　2005년 4월 2일 저녁, 요한 바오로 2세 교황은 힘겨운 투병 생활 끝에 "나는 행복합니다. 여러분도 행복하세요."라는 말을 남기고 선종했습니다. 400만여 명에 달하는 조문객들이 교황의 시신이 안치된 성 베드로 대성전을 방문했습니다. 성 베드로 광장에서 집전된 장례 미사에는 다른 종교 지도자들뿐만 아니라 수많은 왕족과 국가 원수들, 수상들도 참석했고, 특별히 젊은이들이 대거 참석했습니다. 그들 중에는 "그(요한 바오로 2세)가 우리에게 와 주었기에 이제는 우리가 그에게 왔다."라고 말하는 이들도 있었습니다. 추기경단 단장인 요제프 라칭거 추기경은 미사를 집전하면서 감동적인 강론을 했습니다. 군중 속에서 "즉시 시성을 santo subito!"이라고 적힌 현수막이 등장했고, 많은 사람들이 이 구호를 연호했습니다.

신속한 시복 시성

가톨릭 교회에서 시복 시성을 위한 공식 절차는 해당자가 죽은 지 5년이 지나서야 개시할 수 있도록 정해져 있습니다. 하지만 요한 바오로 2세 교황의 경우에는 이례적으로 선종한 지 한 달 만에 이 공식 절차가 시작되었습니다. 2005년 5월 13일, 베네딕토 16세 교황은 5년의 유예 기간을 면제하고 요한 바오로 2세의 시복 시성을 위한 공식 절차를 개시하겠다고 선언한 것입니다.

2009년 12월 19일, 베네딕토 16세 교황은 요한 바오로 2세 교황이 '영웅적 덕행'의 삶을 살았다고 밝히며, 복자의 전 단계인 하느님의 종으로 선포했습니다. 2011년 1월 4일, 교황청이 지명한 의사와 신학자 등으로 구성된 조사 위원회는 요한 바오로 2세 교황이 선종한 후, 교황에게 동료 수녀의 파킨슨병을 낫게 해 달라고 전구를 청한 직후에 병이 치유됐다는 프랑스 수녀들의 주장을 기적으로 공식 승인했습니다. 이어서 2011년 1월 14일, 교황청 시성성은 요한 바오로 2세를 복자로 선언하는 것을 공식적으로 승인했습니다.

2011년 5월 1일, 베네딕토 16세 교황의 주례로 바티칸의 성 베드로 광장에서 요한 바오로 2세 교황의 시복식이 거행되었습니다. 선종한 지 6년 만에 거행된 시복식은 교회 역사상 가장 빠른 것이었습니다. 2013년 7월 4일, 프란치스코 교황은 공식적으로 요한 바오로 2세의 전구에 의한 두 번째 기적을 인정하고 요한 바오로 2세를 시성한다고 선포했습니다. 2014년 4월 27일, 하느님의 자비 주일에 요한 바오로 2세 교황은 요한 23세 교황과 함께 성 베드로 광장에서 시성되었습니다. 시성식 미사에는 전임 교황인 베네딕토 16세 교황을 비롯하여 약 150명의 추기경과 700명의 주교, 그리고 50만여 명의 사람들이 참례했습니다.

Benedictus XVI

현대 교회의 탁월한 신학자

2005년 4월 19일 선출

2013년 2월 28일 사임

신학자 교황
베네딕토 16세

'요제프 라칭거'라는 이름을 가진 베네딕토 16세 교황은, 1927년 4월 16일 독일 바이에른 주의 작은 마을 마르크틀 암 인에서 태어났습니다. 바이에른은 가톨릭 전통이 매우 강한 지역으로, 라칭거는 가톨릭 신심이 돈독한 부모의 슬하에서 성장했습니다. 경찰로서 지역 보안대장 직책을 맡고 있던 아버지는 전근이 잦았기 때문에, 그는 자주 이사를 다녀야 했습니다.

나치 치하의 유년 시절

라칭거는 열 살이 되던 해인 1937년, 은퇴한 아버지를 따라 트라운슈타인 인근의 시골 마을로 이사했습니다. 라칭거는 트라운슈타인의 김나지움(중등학교)을 다녔고, 1939년 부활절에 본당 신부의 끈질긴 권유로 그의 형 게오르크 라칭거가 다니는 성 미카엘 소신학교에 입학했습니다. 하지만 6개월 후인 9월 1일, 나치 독일의 폴란드 침공으로 제2차 세계 대전이 발발하면서 평화로운 시골 마을에도 전쟁의 그늘이 드리워집니다. 1941년, 열네 살의 라칭거는 자신의 의지와는 상관없이 다른 학생들과 마찬가지로 '히틀러 소년단'에 강제로 가입해야 했습니다. 하지만 곧 신학교가 폐쇄되고 집으로 돌아온 후에는 결코 그 모임에 참석하지 않았습니다. 신앙심이 깊은 그의 부모는 그리스도교를 박해하는 나치를 극도로 혐오한 것입니다.

1943년 7월, 라칭거는 군대에 징집되어 뮌헨 주둔 공군 보조 요원으로 방공 포대에 배속되어 1년 남짓 복무를 마쳤습니다. 이후 1944년 9월부터는 국민 의무 노동에 동원되어 오스트리아와 헝가리의 국경 지대인 부르겐란트에서 2개월 동안 노역을 해야 했습니다. 그 후에는 집에 멀지 않은 트라운슈타인의 보병 부대에 배치되었는데 1945년 4월, 나치의 패망이 분명해지자 탈영을 했습니다. 하지만 곧 미군에게 체포되어 전쟁 포로로 잠시 억류되었다가 1945년 6월 19일, 석방되어 집으로 돌아왔습니다.

탁월한 신학자

1945년 12월, 라칭거는 뮌헨 북쪽 프라이징 대신학교에 입학해서 신학 공부를 시작했습니다. 1951년 6월 29일, 형 게오르크 라칭거와 함께 사제품을 받고 뮌헨의 한 본당에서 처음에는 보좌 신부로, 이후에는 주임 신부로 사목 활동을 했습니다. 그러다가 1952년 10월 1일, 프라이징의 교구 신학교에서 강사로서 학생들을 가르치기 시작했습니다. 1953년에는 〈성 아우구스티누스의 교회론에 나타난 하느님의 백성과 하느님의 집〉이라는 논문을 써서 박사 학위를 취득한 후, 계속해서 프라이징 신학교에서 강의했습니다. 30세가 되던 해인 1957년에는 교수 자격 취득 논문이 통과되었고, 1958년 여름에는 당시 독일(서독)의 수도인 본 대학교의 기초 신학과 정교수로 초빙되었습니다.

라칭거 신부는 본 대학교 재임 초기에 쾰른 대교구장 요제프 프링스 추기경(1887~1978년)을 만나게 되었습니다. 이 인연으로 35세의 젊은 나이에 신학 자문 및 전문 위원 자격으로 제2차 바티칸 공의회에 참석하여 공의회 문헌, 특히 〈계시 헌장〉 작성에 적극적으로 참여했습니다. 1963년에는 독일의 뮌스터 대학교로 자리를 옮겼다가, 1966년에 한스 큉 신부의 도움으로 튀빙겐 대학교의 초빙을 받아 교의 사학 정교수로 부임했습니다. 1968년에는 10년을 준비한 저서 《그리스도교 신앙, 어제와 오늘》을 출간했는데, 이 책은 세계적으로 큰 주목을 받았습니다.

라칭거 신부가 튀빙겐 대학교에 재직 중이던 1968년부터 1969년 사이에는 네오마르크시즘 열풍, 곧 극렬 좌파 학생 운동이 기승을 부리는 시기였습니다. 독일 대학가에 불어 닥친 이 열풍으로 학생들이 수업 중에 교수의 강의 마이크를 빼앗는 일도 일어났습니다. 라칭거는 학생들과는 큰 어려움이 없었지만, 전임 강사들과 조교들의 대표단이 그의 강의를 강제로 중단시키고 내쫓는 사건이 벌어졌습니다. 이 일로 인해 큰 충격을 받은 그는, 훗날 회고록에서 이렇게 증언했습니다. "당시 나는 무신론적 열정에 사로잡힌 흉한 얼굴, 심리적 불안, 모든 도덕적 성찰을 부르주아의 썩은 냄새라고 내던져 버리는 열등의식, 이런 것들이 베일을 벗는 장면을 목도했습니다."

라칭거 신부는 극렬 좌파 학생 운동의 무질서하고 무정부주의적 성향에만 충격을 받은 것이 아니었습니다. 대학 신학부와 신학 교수들이 마르크스주의의 그릇된 주장을 방어하는 역할을 해 주기를 기대했는데, 그 기대와는 정반대로 그리스도 신앙이 이데올로기를 옹호하는 데에 남용되는 것에도 큰 충격을 받은 것입니다. 나중에 그는 이 시기를 회고하면서 이렇게 고백했습니다. "이 일이 벌어진 수년 동안, 나는 토론이 거짓으로 변화하는 순간 토론을 그만 두어야 하고, 자유를 뺏기지 않기 위해 저항해야 한다는 사실을 배웠습니다."

라칭거 신부는 튀빙겐 대학교의 개신교 신학부 교수들과 연대하여 이데올로기에 맞서 저항했습니다. 1969년 여름, 개신교 신학부 학생들이 발행한 유인물에는 "예수의 십자가는 고통을 사디즘적으로 찬양하는 표현이고, 복음서는 대중을 속이는 하나의 집단적 기만 수단"이라는 비방 문구가 담겨 있었습니다. 라칭거는 개신교 신학부의 울리히 비커르트 교수와 함께 학생 총회에 가서 유인물에 나와 있는 신성 모독적 언행을 삼가라고 호소했지만, 학생들은 큰 야유로 대답했습니다. 비커르트 교수는 "예수에게 저주를!"이라는 문구가 없어져야 한다고 절규했지만, 아무런 호응도 얻지 못했습니다.

튀빙겐의 가톨릭 신학부는 개신교 신학부만큼 극단적으로까지 치닫지는 않았지만, 기본적인 흐름은 마찬가지였습니다. 결국 라칭거 신부는 1969년 여름, 튀빙겐 대학교의 교수직을 사임하고 레겐스부르크 대학교의 신학 교수직을 수락했습니다. 레겐스부르크는 좀 더 전통적이고 가톨릭적인 분위기의 도시로서, 1964년 이래로 그의 형 게오르크 라칭거가 주교좌성당의 어린이 성가대에서 지휘자로 활동하고 있었습니다.

라칭거 신부는 대학 교수가 자신에게 제일 어울리는 자리라고 생각했지만, 그의 뜻대로 상황이 전개되지는 않습니다. 1977년 3월, 그는 바오로 6세 교황에게 뮌헨 대교구장으로 임명을 받고 학교를 떠나야만 했습니다. 라칭거는 '진리의 협력자'라는 사목 목표로 새로운 직무를 시작했는데, 교구장으로 임명된 지 석 달 만인 1977년 6월, 추기경으로 서임되었습니다. 1981년 11월 25일에는 요한 바오로 2세 교황에 의해 신앙교리성 장관으로 임명되어 다음 해 2월, 로마로 떠나게 되었습니다.

신앙과 교의의 수호자

라칭거 추기경은 신앙교리성 장관으로서 요한 바오로 2세 교황을 23년간 충실하게 보좌했습니다. 신앙교리성의 임무는 '신앙에 대한 교의나 모든 가톨릭 교회의 관습들을 보호하고 증진시키는 것'이었습니다. 라칭거는 자신이 맡은 임무를 충실하게 이행하고자 할 때 어려움이 따를 것임을 분명하게 의식하고 있었습니다. 나중에 그는 당시에 대해 다음과 같이 술회했습니다. "신앙교리성에 들어올 때 로마의 직무 가운데 유쾌하지 않은 임무들을 내가 상당 부분 떠맡아야 한다는 것은 처음부터 명백했습니다."

라칭거 추기경이 신학자 시절부터 주력한 일들 중 하나는 제2차 바티칸 공의회의 올바른 해석과 실천이었습니다. 그는 공의회가 끝난 지 얼마 지나지 않은 시기부터 공의회를 잘못 해석하는 흐름을 비판하기 시작했습니다. 이미 1966년 7월, '공의회 이후의 가톨릭 교회'라는 제목의 강연에서 불안과 실망감을 토로했습니다. 특히 제2차 바티칸 공의회가 시작한 교회의 '현대화 운동'에 반대하여 미화된 과거에 집착하는 전통주의자들과 거리를 두면서도, 다른 한편으로는 개혁주의자들에 대해서 우려를 표명했습니다. 그는 개혁의 옹호자들과 함께 가톨릭 교회와 현대 세계와의 대화, 교회 일치 운동을 적극 지지했지만, 공의회의 개혁이 기대에 훨씬 못 미친다고 아쉬워하는 일부 급진주의자들과는 분명하게 선을 그었던 것입니다.

이로부터 30년이 지난 1996년에 출간된 대담집 《이 땅의 소금》에서 라칭거 추기경은 제2차 바티칸 공의회 교부들이 하고자 한 일과 사회에 알려져서 여론이 만들어 낸 일 사이에 중요한 차이가 있다고 지적했습니다. "공의회는 현대화를 통해 교회를 쇄신하고자 했고, 그것을 통해 신앙 전체를 매력적으로 제시하려고 했습니다. 그런데 점점 더 이 쇄신과 개혁은 부담스러운 짐을 내던져 버리고 홀가분해지는 것이라는 식의 생각이 확산되었습니다. 이런 오해로 말미암아 본래 쇄신과 개혁은 신앙을 강화하려는 데에 그 목적이 있었는데, 신앙의 강도를 낮추는 데에 목적이 있는 것처럼 보이게 되는 결과를 가져왔습니다. 개혁 과정을 마치 교회가 양보하는 방식으로, 신앙생활을 부담 없이 편안하게 하는 방향으로 이해하는 엉뚱한 방향으로 나아간 것입니다."

이런 오해를 극복하려면 제2차 바티칸 공의회를 올바로 해석해야 하는데, 그러기 위해서는 공의회 문헌 자체에 충실해야 한다는 것이 라칭거 추기경의 지론입니다. 그런데 공의회 문헌을 올바로 해석하기 위해서는 문헌이 어떻게 형성되었는지를 알아야 합니다.

공의회의 두 번째 회기부터 마지막까지의 과정을 이끌었던 바오로 6세 교황은 공의회 문헌을 만장일치에 가깝게 작성하라고 지시했습니다. 문헌이 만장일치에 가까운 표를 얻는다는 것은 이른바 보수와 진보 의견 중에서 다수결로 어느 한쪽 의견만을 택하는 것이 아니라, 양쪽의 의견을 종합하고 조화하는 것을 의미했습니다. 대표적인 사례로는 세례성사와 견진성사를 통해 받는 보편 사제직과 성품성사를 통해 받는 직무 사제직과의 관계를 들 수 있습니다. 이에 대해 〈교회 헌장〉 10항에서는 이렇게 규정합니다. "신자들의 보편 사제직과 직무 또는 교계 사제직은, 정도만이 아니라 본질에서 다르기는 하지만, 서로 밀접히 관련되어 있으며, 그 하나하나가 각기 특수한 방법으로 그리스도의 유일한 사제직에 참여하고 있다." 이 문장은 직무 사제직의 고유성을 부각시키려는 전통적인 입장과 보편 사제직을 강조하려는 새로운 입장 모두가 반영되어 조화된 결과입니다.

그런데 개혁이 자신의 기대에 못 미친다고 하여 공의회 문헌의 복합적인 특성을 무시한 채 공의회 문헌에서 자신이 원하는 방향만 선택하고 발전시켜, 그것을 '공의회 정신'이라는 개념으로 포장하는 사람들이 있었습니다. 또 어떤 이들은 제2차 바티칸 공의회 문서는 시작일 뿐이라고 생각하면서 공의회 문헌에서 벗어난 새로운 사상을 추구하기도 했습니다. 이에 대해 라칭거 추기경은 공의회 문헌 자체에 충실할 것을 누누이 역설하면서, 문헌을 올바로 해석하면 보수나 진보 양방향의 극단주의에 빠지지 않으면서도 신앙이 깊어지고 성장하는 요소들을 발견할 수 있다고 강조했습니다.

라칭거 추기경은 신학의 비판적 기능을 인정하면서도, 기준을 상실하여 주어진 역할을 더 이상 제대로 하지 못하는 신학에 대해서는 분명한 목소리를 냈습니다. 신학자는 교회에 봉사하는 사람이지 교회를 만들어 내는 사람이 아니라는 점을 거듭 강조하면서, "교회는 그리스도의 교회이지 우리의 교회가 아닙니다."라고 단언했습니다. 이런 확고한 입장에서 라칭거는 가톨릭 교의와 전통적 가르침에 위배되는 사상과 신학적 조류에 대해서 대결도 불사했습니다. 대표적으로 가톨릭 교리에 충실하지 않은 신학자들에 대한 경고나 징계, 해방 신학에 대한 비판 등이 그것입니다.

라칭거 추기경은 신앙교리성 장관의 임무에 충실했고, 교회의 신앙과 교리를 지키는 일에 책임감을 갖고 임했습니다. 특히 제2차 바티칸 공의회 이후에 교회가 세상 안에서 세상을 변화시키려는 노력이 잘못된 방향으로 흘러가 교회가 세속화되거나, 신앙이 약화되고 희석되는 것을 막기 위해 총력을 기울였습니다. 하지만 이런 '다시 중심 잡기' 행보 때문에 '철갑 추기경'이라고 불리게 되었고, 요한 바오로 2세 교황과 함께 너무 보수적이라는 비판과 많은 비난을 받아야 했습니다.

심지어 '제2차 바티칸 공의회 정신을 정면으로 거부해 온 상징적인 인물'이란 혹평을 받기도 했는데, 이는 올바른 평가가 아닙니다. 라칭거 추기경은 젊은 신학자로서 제2차 바티칸 공의회에 참석하여 문헌 작성에 깊숙이 참여했기에 누구보다도 제2차 바티칸 공의회를 속속들이 알고 있는 인물입니다. 그래서 그는 제2차 바티칸 공의회에 대한 올바른 해석과 실천을 줄기차게 촉구했고, 거기서 벗어나는 것을 경고했습니다. 필요하다면 비난을 감수하면서도 제재 조치를 취하는 일도 마다하지 않았습니다. 이런저런 오해와 곡해를 통해 대중에게 확산된 '가짜 공의회'로부터 '진짜 공의회'를 구하고자 한 것이 그의 의도였습니다.

'베네딕토'라는 이름의 교황

2005년 4월 19일, 라칭거 추기경은 요한 바오로 2세 교황의 후임인 제265대 교황으로 선출되었습니다. 그는 자신의 교황명으로 '베네딕토'를 택했는데, 교황 선출 직후 요한 바오로 2세가 그랬던 것처럼 첫 강복을 주기 전에 간단한 인사말을 했습니다.

"사랑하는 형제자매 여러분, 추기경들께서는 우리의 위대한 요한 바오로 2세 교황의 후임으로 미천한 저를 주님 포도밭의 일꾼으로 뽑으셨습니다. 주님께서는 부족한 도구로도 일하실 줄 아신다는 사실이 저의 걱정을 달래 줍니다. 그리고 무엇보다도 저는 여러분의 기도에 의지합니다. 영원토록 우리의 항구한 도움이 되시는 부활하신 주님의 기쁨 안에서 하느님이 우리를 도우실 것과 지극히 사랑받는 어머니 마리아님이 우리를 지켜 주실 것을 확신하며 앞으로 나아갑시다. 감사합니다."

베네딕토 16세 교황은 왜 선임자를 위대한 교황이라고 부르면서 자신은 '요한 바오로'라는 이름이 아닌 다른 이름을 택했을까요? 교황은 2005년 4월 25일 일반 알현 중에 자신이 '베네딕토'라는 이름을 선택한 이유에 관해 이렇게 설명했습니다.

"베네딕토 15세 교황은 제1차 세계 대전이라는 혼란의 시기에 대담한 용기로 전쟁으로 인한 비극을 막고 그로 인한 불행한 결말들을 줄이고자 노력했습니다. 저는 그분을 본받아 사람들 사이의 화해와 조화를 위해 봉사하고자 이 이름을 택했습니다. 또한 이 이름을 택한 것은 서방 수도원의 아버지이며 유럽의 수호 성인인 누르시아의 베네딕토 성인의 정신을 이어 가기 위함이기도 합니다. 성인은 자신의 규칙서에서 수사들에게 '그리스도의 사랑 이외에 어떤 것도 좋아하지 마라.'라고 권고했습니다. 저는 베네딕토 성인에게 우리가 우리 삶의 중심에 그리스도를 확고히 모시고 살아가도록 도와 달라고 청합니다."

베네딕토 16세 교황은 동방 가톨릭 교회 총대주교들도 참석한 가운데 간소하게 취임 미사를 거행했습니다. 미사 강론에는 그리스도를 중심으로 삼고자 하는 교황의 의도가 분명하게 드러났습니다. "나의 진정한 통치는 나의 뜻을 이루는 것이 아니며, 나의 생각을 추구하는 것이 아닙니다. …… 주님의 말씀과 뜻에 귀를 기울이며, 그분의 인도를 받아 인류 역사 안에서 그분 자신이 교회를 이끌어 가도록 하는 것입니다."라고 역설했습니다. 교황은 특히 현대 사회를 '사막'으로 비유하면서 교회의 사명을 설명했습니다. "오늘날 세상에는 가난과 굶주림, 자포자기와 소외, 파괴된 사랑, 공허한 영혼, 인간 생명의 존엄성 상실 등 수많은 사막이 존재합니다. 하지만 교회의 사명은 사람들을 사막에서 이끌어 내어 풍성한 생명을 선사하시는 성자께 인도하는 것입니다."

베네딕토 16세 교황은 임기 초반에 상당한 대중적 인기를 누렸습니다. 교황으로 선출된 2005년 한 해 동안 성 베드로 광장에 교황을 보려고 모인 사람들은 400만 명에 육박했습니다. 그해에 발표된 회칙 〈하느님은 사랑이십니다〉는 이탈리아에서만 300만 부가 넘게 팔렸습니다. 이후 2007년에 발표된 회칙 〈희망으로 구원된 우리〉, 2009년에 발표된 회칙 〈진리 안의 사랑〉

도 호평을 받았습니다. 또한 개인 자격으로 발표한 저서인 3부작 《나자렛 예수》도 좋은 평가를 받았습니다.

베네딕토 16세 교황은 요한 바오로 2세 교황처럼 대중 친화적인 인물은 아니었습니다. 하지만 전임자의 유업을 단절 없이 이어 갔습니다. 교황은 전임자처럼 세계 곳곳을 사목 방문했는데, 아시아를 제외한 모든 대륙을 순방했습니다. 또한 그리스도교의 일치, 종교 간 대화, 특히 유대교와의 관계 개선을 위해 노력했습니다. 그리고 세계 평화와 사회 정의를 위해서도 분명한 목소리를 냈습니다.

2009년, 베네딕토 16세는 정치적 불안을 피해서 도망쳐 온 수만 명의 이민자와 난민 문제로 골머리를 앓고 있던 서방 선진국들에게 난민을 수용할 의무가 있다고 역설했습니다. 교황은 "난민들의 대다수는 전쟁과 처벌, 자연재해를 피해 다른 나라로 피신한 이들이며, 그들을 수용하기 위해 많은 문제가 발생하더라도 그것은 의무입니다."라고 말했습니다. 2011년 5월 8일에는 가톨릭 신자들은 다른 사람이나 외국인, 멀리서 온 사람들에 대한 두려움에 굴해서는 안 된다고 말하며, 유럽으로 오는 이민자들과 난민들에게 관용을 베풀고 이들을 환대해 줄 것을 재차 촉구했습니다.

또한 2010년 12월 31일, 베네딕토 16세 교황은 바티칸 은행의 투명성을 높이기 위해 자체 금융 감독 기구를 신설하고, 돈세탁과 테러 자금 유입 방지를 위해 국제 규정에 부합하는 새 법률을 만드는 포고령을 발표했습니다. 이 포고령은 바티칸 은행의 모든 금융 거래를 감시할 독립적인 금융 감독 기구인 금융 정보국을 신설하는 내용을 담고 있으며, 이 포고령을 통해 바티칸 금융 정보국이 유럽 연합과 국제 금융 감독 기구들과 협력 체계를 구축하도록 했습니다.

베네딕토 16세 교황은 지구 온난화에 따른 기후 변화에 대해 큰 관심을 표명했습니다. 교황은 "환경 보전과 지속 가능한 발전과 기후 변화에 각별한 주의를 기울이는 것은 인류 전체를 위한 중대한 관심사입니다. 어떠한 국가나 기업도 모든 경제적·사회적 발전에 있는 윤리적 합의를 무시할 수는 없습니다."라고 강조했습니다. 특히 2009년, 바티칸에서 열린 기후 변화 회의에서 "환경을 무시하는 행위는 곧 인간 공존에 대한 위협으로 이어져 있으며, 환경 파괴는 하느님의 뜻을 거스르는 것입니다."라고 비판하면서 전 세계의 정치인과 과학자들에게 창조론을 존중하라고 촉구하고, 열대 우림 지역을 보존해야 할 필요성을 역설했습니다.

전례에 대한 열정

베네딕토 16세 교황은 젊은 시절부터 가톨릭 교회 생활의 중심인 전례에 지대한 관심과 애정을 보여 왔습니다. 2000년에는 전례를 주제로 한 저서 《전례의 정신》을 발간했고, 교황 즉위 후인 2007년 2월에는 교회 생활의 정점인 성체성사에 관한 교황 권고 〈사랑의 성사〉를 발표했습니다.

베네딕토 16세는, 전례는 '거룩한 신비'의 표현으로서, 전례를 통해 우리 가운데 현존하시는 하느님 신비에 대한 감각이 더욱 뚜렷해져야 한다는 신념을 갖고 있었습니다. 교황은 이런 신념에서, 사람들이 제2차 바티칸 공의회의 전례 개혁을 잘못 이해하여 전례의 고유성이 소멸될 위험이 있다는 것을 자주 지적했습니다. 그러나 실상 현대인들의 구미에 맞춰서 "미사 전례는 더 짧아져야 한다.", "이해하기 어려운 부분은 가능한 한 전례에서 빼 버려야 한다.", "근본적으로 더 단순한 언어로 수준을 낮추어야 한다."라고 주장하는 이들이 적지 않았습니다.

베네딕토 16세는 1985년 추기경 시절에 발간된 대담집 《그래도 로마가 중요하다-비토리오 메소리와의 대담》에서 '이해하기 쉬움'이나 '단순함'만을 잣대로 전례 개혁을 추진하는 그릇된 경향 때문에 전례의 경건함과 장엄함이 많이 사라졌고, 그 결과로 전례 안에 하느님의 신비가 현존한다는 감각이 퇴보했다고 비판했습니다. 그러면서 오늘날 신자들 사이에서는 '세속화한 전례에 대한 것이 아니라 반대로, 영원한 것의 현존을 재인식하게 하는 예절을 통한 거룩한 것과의 새로운 만남에 대한 요망'이 넓게 퍼져 있다고 주장했습니다. 아울러 이런 정당한 요망에 부응하기 위해서는 전례를 경건하고 성대하게 거행하는 것도 필요하다고 역설했습니다.

베네딕토 16세 교황은 2007년 7월 7일, 자의 교서 〈교황들〉을 발표하여 제2차 바티칸 공의회 이전의 라틴어 미사 봉헌을 허용하는 결정을 내렸습니다. 여기에는 역사적 배경이 있습니다. 베네딕토 16세는 1969년, 제2차 바티칸 공의회에 따른 전례 개혁의 일환으로 새로운《미사 경본》이 출간되면서 그 이전의 미사 양식이 더 이상 허용되지 않는 것에 큰 충격을 받았다고 술회합니다. 이런 단절은 역사상 유래가 없는 것으로, 전례가 살아 있는 과정이란 사실을 부정하는 것으로 해석되었기 때문입니다. 실제로 이 문제로 르페브르 대주교를 비롯한 전통주의자들뿐만 아니라 적지 않은 신자들도 혼란을 겪었습니다.

베네딕토 16세는 1996년, 대담집《이 땅의 소금》에서 이 문제에 대한 자신의 견해를 피력했습니다. "과거의 전례를 원하는 모든 사람들에게 좀 더 아량 있게 그 전례를 누릴 수 있게 해 주어야 한다고 생각합니다. 어떤 공동체가 이제까지 스스로에게 가장 거룩하고 가장 고귀하게 여겼던 것을 갑자기 엄격히 금지하는 발표를 하고, 그것을 원하는 것은 온당치 못한 것으로 친다면 그 공동체 자체에 문제가 있는 것입니다. 사람들이 도대체 그 공동체의 무엇을 더 믿어야 하겠습니까?"

이런 역사적 배경에서 베네딕토 16세 교황은 자의 교서 〈교황들〉을 통해 요한 23세 교황이 1962년에 공포한 《로마 미사 경본》에 따른 트리엔트 미사를, 사제 혼자 또는 신자들이 요청하는 경우에 그들과 함께 거행할 수 있다고 허락했습니다. 이로써 베네딕토 16세는 전례 개혁 문제로 갈라져 나간 전통주의자 단체인 '성 비오 10세 형제회'와 화해할 수 있는 길이 열리기를 기대했습니다. 아울러 제2차 바티칸 공의회의 정신을 수용하면서도 심정적으로는 옛 미사 방식에 더 호감을 갖는 신자들에게 사목적으로 큰 도움이 될 것으로 희망했습니다.

반대를 받는 표징

예수님이 "반대를 받는 표징"(루카 2,34)이셨듯이 교황도 그런 경우가 종종 있습니다. 베네딕토 16세 교황의 경우가 그렇습니다. 교황은 임기 중에 자주 비난에 직면했는데, 그중 대부분은 편견과 악의에 의한 비난이었습니다. 이에 대해서는 2010년에 발간된 베네딕토 16세와 독일 언론인 페터 제발트와의 대담집 《세상의 빛》에 비교적 상세한 설명이 수록되어 있습니다.

베네딕토 16세는 교황으로 선출된 다음 해인 2006년 9월에 독일을 방문했는데, 일정 중에는 뮌헨 교구장이 되기 직전까지 교황이 소속되었던 레겐스부르크 대학교에서의 학술 강연도 포함되어 있었습니다. 그런데 '신앙, 이성 그리고 대학-회상과 반성'이란 제목의 강연에서 교황이 말한 이슬람과 폭력에 대한 인용 구절이 문제가 되었습니다.

교황은 14세기 동로마의 마누엘 팔레올로고스 황제와 페르시아 지식인의 대화를 기술한 책을 인용했습니다. "그(황제)는 '무함마드가 가져온 새로운 게 무엇인지 나에게 보여 달라. 너는 오로지 사악한 것과 비인간적인 것만 발견하게 될 것이다. 이를테면 검을 통해 신앙을 전파하라는 명령 같은 것들 말이다.'라고 말했습니다. 그는 거침없이 공격을 하고 난 뒤 폭력을 통해 신앙을 전파하는 일이 왜 불합리한지를 자세한 근거를 들어 설명했습니다." 현장에서는 아무런 이의 제기도 없었던 학술적 인용이 정치적인 시각에서 문맥이 무시된 채 단편적으로 보도되자, 베네딕토 16세는 이슬람 세계로부터 엄청난 비난과 공격을 받았습니다. 일부 이슬람 지역에서는 성당이 공격을 받고 심지어는 한 수녀가 피살되기도 했습니다.

이 사건 때문에 그해 11월 말에 예정된 교황의 터키 사목 방문이 성사되지 않을 수도 있다는 우려가 생겨났습니다. 하지만 터키 방문은 계획대로 이루어졌고, 시간이 지나면서 오해가 풀려서 오히려 이슬람 쪽에서 진지한 성찰이 시작되는 계기가 되었습니다. 실상 이슬람에서도 일부 이슬람 과격파의 테러에 대한 고민을 하고 있었던 것입니다. 이 사건 이후 이슬람 학자 138명은 대화를 위해 교황을 공식적으로 초대하기도 했습니다.

요한 바오로 2세 교황의 허락 없이 르페브르 대주교로부터 서품을 받았다가 1988년에 파문된 주교 네 명이 교황 수위권을 인정함으로써, 2009년 1월 21일 자로 그들에 대한 파문이 철회되었습니다. 그런데 그들 중에서 윌리엄슨 주교가 나치의 강제수용소에 가스실이 없었다는 발언을 했던 것이 나중에 밝혀지면서 베네딕토 16세 교황은 또 한 번 거센 비판을 받았습니다. 하지만 이 사건의 배후에는 일부 언론의 상업적 의도가 숨어 있었습니다.

파문 철회 교령이 내려진 당일에 스웨덴의 한 방송사에서 윌리엄슨 주교의 문제 발언이 담긴 인터뷰가 방영되었는데, 이 인터뷰는 이미 2008년 11월에 녹화된 것이었습니다. 저널리스트들은 윌리엄슨 주교의 문제 발언을 미리 알고 있었지만, 의도적으로 교황의 결정이 내려진 직후에 이를 공개함으로써 교황을 곤경에 빠트린 것입니다. 좀 더 많은 사람들의 시선을 끌기 위한 계산된 의도라고 의심하지 않을 수 없는 사건이었습니다. 나중에 베네딕토 16세 교황은 한 인터뷰에서 자신이 만일 윌리엄슨 주교의 문제 발언을 미리 알았더라면 파문 철회 명단에서 제외했을 것이라고 고백했습니다.

베네딕토 16세 교황은 이 사건 직후인 1월 28일 일반 알현에서 윌리엄슨 주교 사건에 대한 입장을 밝혔습니다. 교황은 "첫 계약의 담당자인 우리 유대인 형제들과의 완전하고 부정할 수 없는 연대"를 강조하면서 그들과의 전폭적이고 의심의 여지가 없는 연대감을 표시했습니다. 또한 홀로코스트에 대한 망각과 부정 또는 축소에 대해 경고했습니다. 유대교 측에서는 교황이 홀로코스트를 부정하는 사람을 받아들일 리가 없다는 것을 즉시 확인하고 증언해 주는 이들이 많았습니다. 이후 교황은 3월 10일에 모든 주교들에게 서한을 보내 르페브르파 주교 네 명에

2009년 5월, 이스라엘을 방문해 시몬 페레스 대통령과 만난 베네딕토 16세.

대한 파문과 관련된 오해에 대해 설명하고 바티칸 언론 홍보의 과오를 인정했습니다.

하지만 독일계 유대인들의 반발은 가라앉지 않았고, 독일 매스컴도 공격적이었습니다. 독일의 한 유력 일간지는 "교황이 홀로코스트가 사실이 아니라고 주장하는 이를 복권시킨다."라는 자극적인 머리기사를 내면서 이 사건은 수치스러운 신호이며 더 나아가 인류의 타락이라고 비난했습니다. 교황은 이에 대해 "분명 그런 일을 기다리며 물어뜯을 준비를 하고 있다가 정확하게 공격하려는 적개심"이라고 비판했습니다. 또한 "독일의 가톨릭에 이른바 교황을 공격할 기회를 기다리는 사람들이 무시할 수 없을 정도라는 것은 사실이고, 우리 시대 가톨릭 교회의 모습 중의 하나입니다."라고 개탄했습니다.

그해 5월에 베네딕토 16세 교황의 이스라엘 방문이 예정되어 있었는데, 윌리엄슨 사건 때문에 취소되는 것이 아니냐는 염려가 있었습니다. 하지만 방문은 계획대로 이루어졌을 뿐만 아니라 교황 스스로 지나치게 후한 대접을 받았다고 여길 만큼 큰 환대를 받았습니다. 이스라엘 당국자들이 교황이 유대인들을 그리스도교 신앙의 조상이며 형제로 본다는 것을 잘 알고 있었기 때문이었습니다. 이스라엘의 시몬 페레스 대통령은 교황이 큰 감동을 받을 정도로 따뜻하게 맞아들였습니다. 교황은 예루살렘과 나자렛에서 두 차례 공개 미사를 드렸는데, 이는 요한 바오로 2세 교황 때만 해도 불가능한 일이었습니다. 교황은 이스라엘에 이어 요르단을 방문했을 때에도 환대를 받았는데, 요르단의 국왕은 세례 때 사용하라면서 요르단 강물 수백 병을 선물하기까지 했습니다.

2010년에는 사제들이 수십 년 전에 저지른 아동 성추행 문제가 전 세계적으로 터져 나와 베네딕토 16세 교황은 엄청난 어려움을 겪었습니다. 일부 매스컴은 교황이 이런 문제를 덮으려 하고 아무런 조치를 하지 않는다고 비난했지만, 실상 교황은 신앙교리성 장관으로 재직할 때부터 아동 성추행에 대한 철저한 조치를 지시했습니다.

미국에서 일어난 성추행 사건이 알려지자, 2001년 당시 신앙교리성 장관이었던 베네딕토 16세 교황은 곧바로 이런 사건을 어떻게 다루어야 하는지에 관한 지침을 공표했고, 2003년에는 그 지침을 더 강화했습니다. 교황이 된 후에는 2006년 10월에 아일랜드 주교들에게 성추행과 관련된 진실을 밝히고 그와 같은 끔찍한 범죄가 다시는 되풀이되지 않도록 필요한 모든 일을 다 하라고 지시했습니다. 특히 법과 정의의 원칙들을 존중하며, 무엇보다도 희생자를 보살피고 치료하라고 촉구했습니다. 2010년 5월 21일에는 교황이 승인한 신앙교리성 문서 〈중대 범죄에 관한 규범〉이 발표되었는데, 이는 2001년 문헌을 상황에 맞게 개정한 것으로서 일부 사제들의 미성년자 성추행을 비롯해 교회법을 위반하는 다양한 사안을 다루는 내용이었습니다.

'중대 범죄'들을 다루고 있는 개정된 규범은 사제의 아동 포르노물 이용을 아동 성추행과 똑같이 극히 중대한 범죄로 규정했습니다. 또한 성추행 고발 시한을 성추행 피해 미성년자가 성인(만 18세)이 되고 난 후 10년에서 20년으로 확대하고, 정신질환자에 대한 성추행도 미성년자 성추행과 똑같이 중죄로 규정했습니다. 이와 함께 그 죄상이 극히 중대할 뿐만 아니라 명확한 경우에는, 해당 사제를 교회 재판에 회부하지 않고 바로 환속시킬 것을 교황에게 요청할 수 있는 권리를 신앙교리성에 부여했습니다. 아울러 중대한 범죄 혐의를 받는 성직자는 고위 성직자라고 해도 신앙교리성이 심판할 자격이 있음을 거듭 확인했습니다. 이처럼 교황은 기회가 있을 때마다 성추행 문제에 대해 언급했지만, 서구의 매스컴들은 계속 '성추행 사태에 침묵하는 교황'이라며 비난을 멈추지 않았습니다.

교황은 자신이 선포한 '사제의 해'(2009~2010년)에 사제들의 추문이 불거진 것이 일종의 징표가 아니냐는 질문에 이렇게 대답했습니다. "악마가 사제의 해를 참고 볼 수 없어서 우리 얼굴에 오물을 내던지고 말았다고 말할 수도 있겠지요. 마치 다른 사람들도 아닌 사제들 사이에서도 얼마나 더러움이 많은지 세상에 보여 주기라도 하려는 듯 말입니다. 한편으로는 이렇게 말할 수도 있을 것입니다. 사제의 해를 맞아 우리가 스스로를 추어올리며 승리감에 도취되지 않고 정화의 해, 내적 쇄신과 변화의 해, 무엇보다도 회개의 해로 보내게 하시려고 주님이 우리를 더 심오한 차원의 정화로 이끄셨다고 말이지요. …… 제 생각에는 이번에 폭로된 저 끔찍한 사건도 이런 의미로 본다면 우리를 겸손하게 하고 우리가 새로 시작하게 하려는 일종의 섭리에서 온 일인 것 같습니다."

세속주의와 상대주의와의 투쟁

베네딕토 16세 교황은 교황 재임 8년 동안 교회가 세속주의와 상대주의의 풍랑에 흔들리는 것을 막기 위해 애를 썼습니다. 전임 교황인 요한 바오로 2세 교황이 공산주의와 싸웠다면, 베네딕토 16세는 세속주의 및 도덕적 상대주의와 싸웠다고 할 수 있습니다. 교황의 무기는 뛰어난 지적 능력과 도덕적 강인

함, 그리고 날카로운 논변이었습니다. 2006년에 출판된 《마지막' 유럽인 교황 베네딕토 16세》의 저자 베르나르 르콩트는 베네딕토 16세의 생각을 다음과 같이 요약했습니다.

"유럽 사회가 하느님 때문에 불편해지는 걸 싫어한다면, 이는 세속주의·냉소주의·쾌락주의·유물론·소비만능주의 그리고 무엇보다 '상대주의'에 물들어 쇠약해졌다는 뜻이다. 베네딕토 16세에게 상대주의는 종교의 가장 큰 적이었다. 모든 것에 차이가 없다면 초월성이나 진리는 존재하지 않는다. 각자가 자신의 척도가 되고 도덕이 흔들린다. 삶은 의미를 상실한다."

베네딕토 16세 교황은 서구 세계의 세속화와 신앙 상실을 자주 언급하면서 우려를 표명했습니다. "무엇보다 서구 세계에 교회에 대한 혐오가 있다는 것입니다. 또한 세속주의가 계속 기승을 부리며 사람들이 신앙과 더 멀어지게 된다는 사실과 우리 시대의 흐름이 계속해서 교회와 반대된다는 사실 등이 그렇습니다. 이 대립각은 두 종류의 사랑 싸움(자기애와 하느님 사랑)이라고 할 수 있겠지요."

이런 배경에서 교황은 고위 성직자들에게 세속주의와 그로 인한 반교회적 경향에 대항할 각오를 하라고 당부했습니다. "용기야말로 오늘날 주교나 교황청의 지도자가 갖추어야만 할 중요한 자질이라고 생각합니다. 여론의 독재에 굴복하지 않고 사람들의 노여움을 살지라도 내적 깨달음에 따라 행동하는 것도 용기입니다. 물론 지적 능력이 있고 전문적인 식견이 있으며 인간애가 있어서 사람들을 이끌어 가족 같은 공동체로 뭉치게 할 수 있는 사람이어야 하지요."

베네딕토 16세 교황은 오늘날 특히 유럽을 비롯한 선진국에서 확산되는 그리스도교 신앙의 쇠퇴와 세속화의 풍조를 막으려면 먼저 기본적인 그리스도교적 가치가 회복되어야 한다고 역설했습니다. 교황은 세속주의와 도덕적 진리를 부정하는 상대주의, 곧 '모두가 생각하는 것처럼 생각하라'고 강요하는 상대주의 독재의 위험성을 거듭 경고하면서 신앙의 강화를 촉구했습니다. "다른 무엇보다 사람들은 하느님을 놓치지 않도록 힘써야 합니다. 또한 스스로 지닌 보물을 알아차리도록 힘써야 합니다. 그런 다음에는 사람들이 자신의 신앙의 힘으로 세속주의와 맞서고 신앙과 세속을 제대로 가려야 합니다. 이 과정이야말로 오늘날 진정으로 위대한 과업입니다."

베네딕토 16세 교황은 세속주의와 상대주의가 광풍처럼 몰아치는 현대 세계에서 교회가 우선적으로 해야 할 일은 '하느님의 절대적 우선권을 새롭게 조명하는 일'이라고 강조하면서 이렇게 말했습니다. "오늘날 하느님이 계시다는 사실과 그분이 우리에게 중요하며 우리에게 대답하신다는 사실을 깨닫는 일이 가장 중요합니다. 하느님 없이는 다른 모든 것이 제아무리 합리적이고 똑똑하다 해도 인간은 존엄성과 본래의 인간성을 잃어버리게 되고, 그 결과 근본적인 것이 무너지게 됩니다. 그렇기 때문에 우리는 오늘날 새로운 강조점으로서 하느님에 대한 질문에 우선순위를 두어야 합니다."

베네딕토 16세 교황이 2012년 10월 11일부터 2013년 11월 24일까지 지속된 '신앙의 해'를 선포한 것도 바로 이런 배경에서 나온 것입니다. 교황은 자의 교서 〈믿음의 문〉 2항에서 "그리스도와 만나는 기쁨과 새로운 열정을 더욱 북돋고자 신앙의 여정을 재발견할 필요가 있습니다."라는 말로 신앙 쇄신의 필요성을 역설했습니다. 베네딕토 16세는 '신앙의 해'를 통해 식어 버리고 약해진 신앙생활에 다시 신앙의 기쁨과 열정을 불어넣고자 한 것입니다. 주님과의 만남을 통해 기쁨과 열정으로 가득해진 신앙인은 상대주의와 세속주의를 극복할 수 있기 때문입니다.

세상이 놀란 교황직 사임

베네딕토 16세 교황은 2013년 2월 11일 추기경 회의에서 예고하지 않은 중대 발표를 합니다. 2월 28일 오후 8시를 기해 교황직을 사임한다는 것이었습니다. 교황은 사임 발표문에서 이렇게 밝혔습니다. "하느님 앞에서 양심을 성찰하면서 '급변하는 세상에서 또한 신앙생활의 중대한 문제들로 흔들리는 세상'에서 베드로 직무를 수행하기 위해 필요한 '몸과 마음의 힘'이 없다고 확신하고 '온전한 자유'로 교황직을 사임합니다."

살아 있으면서 교황직을 사임한 경우는 그레고리오 12세 교황(재위 1406~1415년) 이후 598년 만의 일이었습니다. 당시는 대립 교황들이 난립하던 어지러운 시기였고, 이런 혼란을 극복하는 과정에서 그레고리오 12세는 교황직에서 물러나야만 했습니다. 그 이전에는 경건한 은수자 출신의 첼레스티노 5세 교황이 사임한 경우도 있었습니다. 첼레스티노 5세는 여든이 넘은 고령의 나이로 1294년 7월 5일, 교황으로 선출되었는데, 교황 직무 수행의 어려움과 실패를 경험했고, 그에게 큰 영향력을 행사하던 프랑스의 샤를 2세 왕과 마찰을 겪던 끝에 결국 그해 12월 13일에 사임했습니다. 베네딕토 16세 교황의 교황직 사임은 가톨릭 교회 역사에서 공식적으로는 세 번째이지만, '온전한 자유의지'에 의한 사임으로는 첫 번째라고 할 수 있습니다.

아무도 예상치 못한 갑작스러운 사임이었지만, 교황 자신은 오래전부터 이를 염두에 둔 것으로 보입니다. 2009년 4월 28일, 지진 피해를 입은 이탈리아 중부 라퀼라의 산타 마리아 대성당을 방문한 자리에서 베네딕토 16세 교황은 의미심장한 행동을 했습니다. 대성당 안의 첼레스티노 5세 교황의 유해를 모신 유리관 앞에 잠시 머물다가 교황 권위와 직무의 상징인 팔리움을 관 위에 놓고 떠났던 것입니다. 교황의 사임 발표 소식이 전해지자 일각에서는 베네딕토 16세가 첼레스티노 5세의 무덤 위에 팔리움을 놓아두었을 때 이미 사임을 고려한 것이 아닐까 하는 추측이 제기되기도 했습니다.

베네딕토 16세의 교황직 사임은 전혀 예상치 못한 사건이었기 때문에 많은 추측 보도가 쏟아져 나왔습니다. 일부 이탈리아 언론은 베네딕토 16세가 교황청 내의 재정 문제와 음모에 대한 보고서를 읽고 충격을 받은 것이 사임의 진짜 이유라는 보도를 했습니다. 심지어 어떤 신문은 협박을 받아 교황직을 사임을 했다는 주장을 하기도 했습니다. 교황은 2016년에 발간된 대화집《베네딕토 16세 교황의 마지막 이야기》에서 이러한 언론의 보도는 전혀 근거가 없다고 잘라 말합니다. 자신의 사임 이전에 불거졌던 문제들은 완전히 해결되어서 오히려 평화와 극복의 기운을 느꼈고, 만일 그 일이 해결되지 않았더라면 자신은 절대로 사임하지 않았을 것이라고 분명하게 밝힙니다.

교황은 자신의 교황직 사임은 급격한 체력 저하로 인한 건강 문제 때문이었음을 재차 확인합니다. "2012년 3월 멕시코와 쿠바 사목 방문을 다녀온 후 매우 지친 상태였고, 주치의도 더 이상 장시간 동안 비행기를 타는 일은 무리라고 하였습니다. 그래서 2012년 여름휴가 때 기도하면서 하느님 앞에서 이 문제를 깊이 고민한 끝에 2013년 여름에 브라질 리우데자네이루에서 개최되는 세계청년대회에는 새 교황이 방문할 수 있도록 제가 사임하는 것이 적절하다는 확신에 이르렀습니다."

베네딕토 16세 교황은 퇴임 전날 일반 알현에서 "재위 기간 8년은 기쁨과 빛의 시기였지만, 한편으로는 어려운 순간들이 있었습니다."라고 하면서 이렇게 회고했습니다. "주님은 제게 태양과 산들바람을 주셨고, 풍성하게 물고기를 낚도록 해 주셨습니다. 하지만 어느 순간에는 물이 소용돌이치고 역풍이 불기도 했습니다. 주님은 잠들어 계신 것 같았습니다. 하지만 저는 주님이 배 안에 머물러 계셨고, 그 교회라는 배는 제 것도, 우리들의 것도 아닌 그분의 것이기에 그분이 배가 가라앉게 두시지 않을 것임을 잘 알고 있었습니다." 베네딕토 16세는 예수님의 제자들이 배를 타고 겐네사렛 호수를 건너다가 겪었던 사건(마르

2013년 5월 2일, 바티칸에서 프란치스코 교황과 인사를 나누는 모습.

4,35-41 참조)을 자신에게 적용해 이야기한 것입니다.

베네딕토 16세 교황은 교회의 주인이신 예수 그리스도가 당신의 교회를 보호하시고, 새롭고 거룩하게 하신다는 확신에서 교황직마저도 선뜻 내놓을 수 있었을 것입니다. 이런 확신은 추기경 시절에 한 인터뷰에서도 분명하게 드러납니다. 2000년에 발간된 독일의 저널리스트 페터 제발트와의 대담집 《하느님과 세상》에서 이렇게 말했습니다. "사실 가톨릭 교회 안에 인간적 무능함과 약점이 없던 적은 한 번도 없었습니다. 가톨릭 교회에는 물론 한숨과 신음 소리가 없지는 않지만, 그런데도 아직까지 존속하고 있으며, 끊임없이 위대한 순교자를 배출해 냈고, 위대한 신앙인, 선교사, 간호사, 교육자가 되어 교회를 위해 목숨을 바치는 사람들을 배출해 냈습니다. 그런 점이 이 교회를 지탱하는 다른 어떤 존재가 정말로 있음을 말해 주지요."

베네딕토 16세 교황은 2월 28일 퇴임 당일 오후에 가진 추기경 144명과의 마지막 공식 만남에서 감동적인 말을 남겼습니다. "지금 여러분 중에, 추기경단 속에 미래의 교황이 있을 것입니다. 저는 새 교황에 대해서 무조건적인 존경과 순명을 드릴 것을 오늘 약속드리겠습니다." 이 말은 자리에서 물러나서도 뒤에서 영향력을 행사하려는 일이 빈번한 이 세상에 불어온 신선한 한 줄기 바람 같은 말이었습니다.

베네딕토 16세는 추기경들과의 모임을 끝내고 늦은 오후에 바티칸을 떠나 임시 숙소인 카스텔 간돌포로 향했습니다. 그리고 거기에 모인 군중에게 이렇게 말했습니다. "저는 지상에서의 마지막 순례를 시작하는 소박한 순례자일 뿐입니다. …… 저의 온 마음, 사랑과 기도, 묵상과 성찰, 저의 모든 내적 힘을 다해서 저는 여전히 교회와 인류의 선익과 공동선을 위해 일하기를 원합니다."

베네딕토 16세 교황이 자의적으로 교황직에서 물러난 것은 전 세계적으로 매우 긍정적으로 평가되었습니다. 자발적인 사임으로 프란치스코 교황이 선출될 수 있도록 길을 열어 놓은 베네딕토 16세의 결단은 교회사에 매우 중요하게 기록될 것입니다. 프란치스코 교황이 주님의 교회를 위해 어떤 결실을 맺을지는 앞으로 좀 더 지켜봐야겠지만, 하느님은 분명 이전의 교황들과 마찬가지로 프란치스코 교황을 통해서도 풍성한 결실을 거두실 것입니다. 지금 우리는 벌써 그 결실의 일부를 맛보고 있습니다. 2천 년 교회 역사상 초유의 모습, 현직 교황과 은퇴 교황이 반갑게 만나 함께 기도하고 친밀하게 대화를 나누는 아름다운 모습을 바라보는 기쁨이 그 결실 중의 하나임이 분명합니다.

Franciscus

새로운 희망과 용기의 상징

2013년 3월 13일 선출

하느님의 선물
프란치스코

    우리 시대의 여러 교황들처럼 프란치스코 교황도 하느님의 선물입니다. 하느님은 소중한 선물을 준비해 놓으시고 적절한 때에 우리에게 주시려고 계획하셨을 것입니다. 이미 베네딕토 16세 교황이 선출될 당시에 '프란치스코 교황'이란 하느님의 선물이 감지되기도 했습니다. 프랑스 언론인 베르나르 르콩트는 2006년에 출판한 저서 《'마지막' 유럽인 교황 베네딕토 16세》에서 호르헤 마리오 베르골료 추기경에 대해 언급했습니다. 그는 베르골료 추기경이 2005년 4월, 베네딕토 16세가 선출된 교황 선거에서 상당히 주목을 받았다는 점을 상기시키며 이렇게 말했습니다.

"이 69세의 부에노스아이레스 대교구장은 이탈리아 이민자의 아들로, 훌륭한 품성을 지닌 엄격한 인물이다. 검소한 생활을 했으며, 부에노스아이레스의 도시 빈민들과도 친했기 때문에 대중적 인기도 있었다. 그는 제3세계 문제에 주목했지만, 동시에 교의의 엄격성도 중시했다. 따라서 그를 개혁주의자로만 규정할 수는 없다. 그라고 해서 교황이 되지 말라는 법이 있는가? 전 세계 가톨릭 신자의 40퍼센트를 점하는 라틴 아메리카에서 언젠가는 그렇게 될 것이다."

이어서 베르나르 르콩트는 1978년 폴란드인 카롤 보이티와가 교황으로 선출됨으로써 500년에 가까운 이탈리아인 교황의 계보가 끊긴 이상, 더 이상의 금기는 없다고 단언했습니다. 그러면서 베네딕토 16세 교황의 후임자로 라틴 아메리카 혹은 아프리카 출신이 선출되는 혁명적인 사건이 가능하다고 예상했습니다. 그리고 이 예상은 2013년 3월에 현실로 바뀌었습니다.

하느님의 선물인 프란치스코 교황은 많은 이들에게 새로운 희망과 용기를 주고 있습니다. 교황은 스스로 소박하고 청빈한 삶을 선택하면서 교회를 돈의 속박에서 벗어나게 하려고 매우 애쓰고 있습니다. 사람보다는 돈을 더 중요시하여 '집이 없는 늙은 노숙자가 죽는 것은 뉴스가 안 되고, 주식 시장의 지수가 2포인트 떨어지는 것은 뉴스가 되는 세상'을 지탄하며 가난한 이들을 외면하는 세상의 무관심을 서슴없이 꼬집기도 합니다. 또한 하느님의 한없는 자비를 모두가 체험하고 구체적으로 실천할 수 있도록 많은 노력을 기울이고 있습니다. 프란치스코 교황은 하느님의 자비를 거듭 설파하면서 행동으로도 그 자비를 보여 주려고 합니다. 어느 신경 섬유종증 환자와의 만남이 좋은 예입니다.

2013년 11월 6일, 성 베드로 광장에서 일반 알현 중에 코와 입을 분간할 수 없을 정도로 얼굴이 온통 종기로 뒤덮인, 매우 흉한 모습의 신경 섬유종증 환자 한 사람이 교황에게 불쑥 다가왔습니다. 교황은 짧은 순간 당혹스러운 표정을 보였지만, 곧 그에게 다가서서 그의 머리를 감싸 안고 기도했습니다. 그 남자는 나중에 그 순간을 다음과 같이 술회했습니다. "교황님이 제 머리와 상처를 어루만지실 때 꼭 천국에 있는 것 같았습니다. 그것은 오직 사랑이었고 저는 세상이 바뀌는 순간을 경험했습니다."

프란치스코 교황은 자신만의 독특한 강론과 사목적 접근 방식을 지니고 있습니다. 많은 사람들은 그런 교황에게 감동을 받고 열렬하게 호응합니다. 매스컴은 대중적 인기가 있는 프란치스코 교황의 일거수일투족에 촉각을 세우고 상세하게 보도합니다. 그 덕분에 전 세계 사람들이 거의 실시간으로 교황의 동정을 알 수 있습니다.

하지만 매스컴은 교황의 말과 행동을 자의적으로 해석하는 경우가 종종 있습니다. 대표적으로 교황이 동성애자들에 대해 한 발언입니다. 2013년 7월, 교황은 어느 기자의 즉석 질문에 "만일 동성애자인 사람이 선한 의지를 갖고 하느님을 찾는다면, 제가 어떻게 그를 심판할 수 있겠습니까?"라고 내답했습니다. 적지 않은 매스컴이 이 대답을 교황이 동성애를 지지한다는 식으로 보도했습니다. 그들은 동성애와 동성 결합의 합법화가 시대적 요청이라고 여기면서 드디어(!) 교황도 생각을 바꾸어 시대의 요청을 받아들였다는 식으로 보도를 한 것입니다. 하지만 이는 분명한 왜곡입니다.

가톨릭 교회는 동성애 행위나 동성애자 결합의 합법화를 결코 찬성하지 않습니다. 동성애에 대한 가톨릭 교회의 입장은 1992년에 발간된 《가톨릭 교회 교리서》 2357~2358항에 간략하게 정리되어 있습니다. 교회는 전통적으로 동성애 행위는 자연법에 어긋나는 것으로서 성행위를 생명 전달로부터 격리시키기 때문에 "그 자체로 무질서"라고 간주해 왔습니다. 하지만 다른 한편으로 동성애 성향을 지닌 이들은 그로 인해 시련을 겪고 있기에 그들을 "존중하고 동정하며 친절하게 대하며 받아들여야 한다."라고 가르칩니다.

프란치스코 교황의 입장도 이와 다르지 않습니다. "낙태와 동성 결혼, 피임을 금하는 가톨릭 교회의 공식적인 입장은 변하지 않았지만, 오늘날 교회에 가장 필요한 것은 상처들을 치유하고 신자들의 마음을 따뜻하게 위로할 수 있는 능력"이라는 것이 교황의 생각입니다. 2015년 12월, 신앙교리성 장관 뮐러 추기경이 한 독일 언론과의 인터뷰에서 언급했듯이, 많은 이들이 좋아하는 프란치스코 교황의 독특하고 사목적인 언행은 가톨릭 교리라는 큰 틀 안에서 해석되어야 합니다.

매스컴의 왜곡 보도는 2014년 10월에 로마에서 열린 세계 주교 시노드 제3차 임시 총회와 관련해서도 확인할 수 있습니다. 세계 주교 시노드에서는 현대 세계에서의 가정을 주제로 다양한 논의가 이루어졌고, 그중 하나가 동성애 문제였습니다. 그런데 거의 모든 내·외신은 여러 가지 논제 중 하나인 동성애와 이혼한 재혼자의 영성체 문제만을 집중 보도했습니다.

세계 주교 시노드에서는 가톨릭 교회의 교리상 동성애를 인정할 수는 없지만, 동성애자를 한 인간으로서 교회에서 어떻게 '받아들여야' 하는지를 논의했습니다. 토론 보고서(중간 보고서)에는 이런 대목이 들어 있었습니다. "동성애자도 가톨릭 공동체에 헌신할 수 있는 달란트와 능력을 갖추고 있다. 우리는 이런 사람들을 맞을 준비가 되어 있는가. 우리 교회 공동체는 이 사람들이 활동할 수 있는 공간을 보장해 줄 수 있는가. 동성애자들은 그들을 따뜻하게 맞아 줄 교회를 만나고 싶어 한다." 그런데 일부 언론에서는 이 구절을 가톨릭 교회가 동성애자를 '환영한다'는 식으로 썼습니다.

한마디로 프란치스코 교황은 세계 주교 시노드에서도 교리는 지키되 동성애자들에 대한 자비를 촉구했을 뿐입니다. 이는 죄는 미워하되 죄인은 미워하지 말라는 교회의 전통적인 입장과 맥을 같이하는 것입니다. 그럼에도 불구하고 일부 매스컴은 프란치스코 교황이 이전의 교황들과는 달리 동성애를 지지하는 것처럼 보도하고 더 나아가서는 동성 결합을 허용하지 않겠느냐는 추측 기사를 거듭 내놓았습니다. 이런 매스컴의 왜곡 보도로 인한 곤란은 베네딕토 16세 교황도 이미 겪었던 바입니다.

다른 한편으로는, 프란치스코 교황의 행보를 못마땅해하는 이들도 있습니다. 강론이나 연설 중에 '가난한 이들을 착취하는 자본주의 탐욕'을 비판하고, '불평등 해소'와 '저항과 연대'를 촉구한 교황은 '마르크스주의자'라는 비난을 받기도 했습니다. 2014년 6월, 프란치스코 교황은 마피아 단원들에 대해 파문을 선언했는데, 이 발언 때문에 저격 위험이 있다는 말이 나돌았습니다. 또한 2015년 5월 환경에 대한 최초의 교황 회칙 〈찬미받으소서〉가 발표되자 환경 규제에 반대하는 미국 보수파 정계 인사들과 에너지 업계 등은 "교황이 종교 밖의 영역에 관여한다.", "교황이 '문화 혁명'을 외치고 있다."라고 비난하면서 강하게 반발했습니다.

이런 불만과 저항은 예상된 것입니다. 세상을 구원하시기 위해 오신 하느님의 아들 예수님은 물론, 성인들을 비롯해 교회의 면모를 일신하려고 했던 교황들도 반대와 저항을 비껴가지는 못했기 때문입니다. 요한 23세 교황이 제2차 바티칸 공의회를 소집했을 때 반대 세력이 만만치 않았고, 바오로 6세가 공의회 결정에 따라 교회의 쇄신을 실천할 때에도 끈질긴 저항 세력이 있었습니다. 요한 바오로 2세는 고국 폴란드의 자유화 운동을 공개적으로 지지했기 때문에 소련의 사주를 받은 것으로 의

심되는 자에게 저격을 당해 목숨을 잃을 뻔했습니다.

하지만 세상의 저항이 아무리 거세다고 해도 교회의 주인이신 예수 그리스도는 당신이 세우신 최고 목자를 보호해 주시고 도와주실 것입니다. 제자들이 탄 배가 맞바람을 만나 어려움을 겪을 때 예수님은 물 위를 걸어 그들에게 가시어 "용기를 내어라. 나다. 두려워하지 마라."(마르 6,50) 하고 말씀하셨습니다. 또한 당신과의 이별을 앞두고 혼란에 빠진 제자들에게 "용기를 내어라, 내가 세상을 이겼다."(요한 16,33)라고 격려해 주셨습니다. 무엇보다도 제자들 중의 으뜸인 베드로에게는 '저승의 세력도 교회를 이기지 못할 것'(마태 16,18 참조)이라고 약속해 주셨습니다. 그리고 베드로의 약함을 잘 아시고 '그의 믿음이 꺼지지 않도록 그를 위하여' 기도하셨습니다(루카 22,32 참조). 주님은 지금은 물론 앞으로도 계속 베드로의 후계자들을 인도하고 격려하시며 보호해 주실 것입니다.

프란치스코 교황은 선출 직후, 성 베드로 광장에 모인 군중에게 첫 축복을 주기 전에 머리를 숙여 먼저 자신을 위해 기도해 달라고 청했습니다. 그 후에도 기회가 될 때마다 사람들에게 자신을 위한 기도를 부탁했습니다. 교황의 요청과 부탁대로 교회는 베드로의 후계자가 주님의 약속에 의탁하고, 그분의 격려에 힘입어 주님이 맡기신 양 떼를 잘 인도하도록 지속적으로 기도해야 할 것입니다. 베드로가 헤로데의 박해로 감옥에 갇히자 교회가 그를 위해 끊임없이 기도했던 것(사도 12,1-5 참조)처럼 말입니다. 주님이 지금까지 그러셨던 것처럼, 당신이 선물로 주신 프란치스코 교황을 반석으로 삼아 교회가 믿음 안에서 일치하여 더욱 새롭고 거룩하게 되도록 이끌어 주실 것입니다.

맺음말
교황님들과 함께한 은총의 시간

주제넘지만 이 책에 소개된 일곱 분의 교황님과 저와의 '인연'을 헤아려 봅니다. 1957년 1월, 제가 출생했던 당시, 교황직에 계셨던 분은 비오 12세 교황님이었습니다. 이런 물리적 시간의 인연 외에 그분에 대한 기억은 남아 있지 않습니다. 나중에 신학을 공부하면서 그런 분이 계셨다는 것을 알게 되었고, '권위적이고 보수적으로 교회를 이끄셨지만, 그 당시 신자들에게 상당한 존경을 받으신 분이었구나.'라는 생각을 했을 뿐입니다.

제가 태어난 지 1년 반 정도 지난 1958년 10월에 비오 12세 교황님의 후임으로 선출되신 분이 요한 23세 교황님이었습니다. 그분 역시 제가 거의 기억하지 못하는 아주 어린 시절에 재위하신 분이기에 그분에 대한 개인적인 추억은 전무합니다. 하지만 저의 사제성소에 간접적인 영향을 미치신 분이었습니다.

오 남매 중 막내, 그것도 예상치 못한 '끝물'로 태어났던 저에게, 신심이 돈독하셨던 부모님은 조심스럽게 사제성소의 꿈을 심어 주셨습니다. 그러면서도 어머니는 "쟤가 신부가 되면 좋겠지만, 우리처럼 보잘것없는 가정에서 어떻게 사제가 나올 수 있겠느냐." 하시면서 의구심을 품으셨답니다. 그런 어머니께 아버지는 "그런 소리 하지 마. 지금 교황님(요한 23세)도 가난한 시골 마을 출신이야." 하시면서 의구심을 달래 주셨습니다. 이런 의미에서 요한 23세 교황님은 제 사제성소의 간접적 은인이십니다. 나중에 그분의 인물됨과 삶에 대해 알게 되면서 존경과 사랑의 마음이 점점 더 커졌습니다. 저는 로마의 성 베드로 대성전을 방문할 기회가 있을 때마다 요한 23세 교황님의 무덤 앞에서 잠시나마 머물면서 그분께 전구를 청하고는 합니다.

1963년 6월에 선출되어 1978년 8월에 선종하신 바오로 6세 교황님의 재위 기간은 저의 초등학교부터 대학교 시절까지의 시간과 일치합니다. 미사 중에 교황을 기억하는 기도에서는 항상 '바오로'라는 이름이 나왔기에 '교황' 하면 '바오로 6세 교황님'과 동일시했습니다. 그분은 한국 교회를 특별히 사랑하셨고, 최초의 한국인 추기경으로 당시 서울대교구장 김수환 대주교를 임명하셨다는 것은 잘 알려진 사실입니다. 대신학교 4학년 여름 방학 중이던 1978년 8월 어느 날, 그분의 선종 소식을 동해안의 한 해수욕장에서 우연히 듣게 되었습니다. 김수환 추기경님이 침통한 목소리로 그분의 선종을 애도하시는 것을 라디오에서 들었던 기억이 납니다.

그해 여름 방학이 끝날 무렵에 바오로 6세 교황님의 후임으로 선출된 분은 요한 바오로 1세 교황님이었습니다. '요한'과 '바오로'라는 두 이름을 합쳐서 교황명으로 삼으신 것이 참 특이하다는 생각을 했습니다. 무엇보다도 그분의 환한 미소가 매우 인상적이었습니다. 강의 시간에 어느 교수 신부님이 신임 교황인 요한 바오로 1세 교황님에 대한 특집 기사를 실은 외국 잡지를 소개하면서 '미소의 교황'이라고 극찬하셨습니다. 설명을 들으면서 이분과 함께 교회에 새로운 미래가 펼쳐지겠구나 하는 막연한 기대도 했습니다. 저를 포함해서 많은 이들이 그러한 기대를 품었습니다. 그런데 교황님 선출 후 한 달이 조금 지난 어느 오후에 신학교 교내 방송을 통해 교황님의 선종 소식을 듣고 어떻게 된 영문인지 몰라 당황했던 기억이 납니다.

1978년 10월에 선출되신 요한 바오로 2세 교황님에 대한 기억은 좀 더 많습니다. 선출 초기에는 456년 만의 비이탈리아인 교황이며 최초의 공산권 교황으로 매스컴의 집중 조명을 받으셨습니다. 선출 직후부터 청년 못지않은 활기찬 모습으로 세계 곳곳을 사목 방문하시는 교황님의 모습은 좋다 못해 매혹적이었습니다. 저도 흥미와 관심을 갖고 그분을 다룬 언론 보도에 주목했습니다. 대학 4년을 마치고 군에 입대하여 사병 생활을 하던 1981년 5월, 그분에 대한 암살 기도 소식을 듣고 경악했던 기억이 아직도 생생합니다.

1982년 6월, 저는 대학원 1학년을 마치고 오스트리아 인스브루크로 유학을 떠났습니다. 10년의 유학 기간 내내 이런저런 기회로 요한 바오로 2세 교황님에 대한 보도와 평가를 한국보다는 좀 더 가까이 접할 수 있었습니다. 그런데 제가 공부했던 독일어권에서는 그분이 너무 보수적이라는 비판의 목소리가 점차 높아졌습니다. 저도 어느 정도는 그런 비판적인 분위기에 영향을 받았습니다. 하지만 잠깐이지만 로마에서 그분과 직접 만났을 때 큰 감동을 받았습니다.

1983년 9월, 처음으로 로마 여행을 하면서 성 베드로 광장에서 야외 미사를 집전하시는 요한 바오로 2세 교황님을 먼발치로 뵈었을 때 경외심에 가까운 느낌이 들었습니다. 1987년 9월에는 유럽에서 공부하던 신부와 신학생들의 로마 모임에 참석했다가 그분을 일반 알현 중에 직접 만나 뵙는 행운을 얻었습니다. 교황님이 1984년 한국 방문을 위해 한국어를 배우셨다는 것을 기억해 낸 저는, 한국어로 "찬미 예수!" 하고 인사를 드렸습니다. 그분은 잠시 멈칫하시더니 "찬미 예수!"라고 응답하시고는 영어로 "코레아?" 하고 물으셨습니다. 그렇다고 했더니 제 뺨을 가볍게 만지고 지나가셨습니다. 그 순간을 촬영한 사진을 소중하게 간직하면서 지금도 기회가 되면 자랑 삼아 내놓고는 합니다.

요한 바오로 2세 교황님은 27년간의 재위 기간 끝에 2005년 4월에 선종하셨는데, 생전에 직접 뵈었던 분이었기에 느낌이 남달랐습니다. 오랜 재위 기간 그리고 노쇠와 병고로 인한 힘겨운 시간들의 연속이었던 그분의 말년을 기억하면서 티모테오에게 보낸 둘째 서간의 한 구절을 떠올렸습니다. "나는 훌륭히 싸웠고 달릴 길을 다 달렸으며 믿음을 지켰습니다. 이제는 의로움의 화관이 나를 위해 마련되어 있습니다. 의로운 심판관이신 주님께서 그날에 그것을 나에게 주실 것입니다."(2티모 4,7-8)

요한 바오로 2세 교황님의 뒤를 이은 베네딕토 16세 교황님은 교의 신학을 전공한 저에게는 신학자 '요제프 라칭거'라는 이름으로 매우 친숙한 분이었습니다. 그분의 저서를 읽으면 참으로 진지하고 깊이 있는 분임을 느끼게 됩니다. 그분은 시류에 편승하지 않고, 세상이 반기든 그렇지 않든, 복음의 진리를 충실하게 지켜 나가려고 무던히 애쓰셨습니다. 바로 이 때문에 보수적이라는 비난을 많이 받으신 것 같습니다. 복음 진리에 철저히 헌신하다 보면 어쩔 수 없이 세상의 저항과 비난을 마주해야 합니다. 사실 예수님의 운명이 그랬습니다. 스승의 운명이 그랬다면, 그분 제자들의 운명도 그럴 수밖에 없습니다(요한 13,16; 15,20 참조).

개인적으로는 저의 주보 성인인 베네딕토를 교황명으로 선택하신 것이 매우 반가웠습니다. 그분이 선출된 후, 미사를 드리면서 교황을 위한 기도문을 바칠 때 "우리 교황 베네딕토"라고 말할 때는 뭔가 짜릿한 동질감을 느끼기도 했습니다. 또한 제가 독일어권에서 공부를 했다는 이유에서 독일어를 모국어로 하시는 교황님이 가깝게 느껴졌습니다. '아, 언젠가 만나면 그분의 모국어로 몇 마디라도 나눌 수 있겠구나.' 하는 생각도 들었지만, 아쉽게도 그럴 기회는 없었습니다. 예상치 못했던 그분의 교황직 사임은 저에게 신선한 충격으로 다가왔습니다.

프란치스코 교황님은 2013년 3월 선출 직후부터 전 세계 매스컴의 주목을 받으면서 인기가 급상승했습니다. 그런 교황님이 취임 1년 반 만에 여름휴가까지 반납하시고 한국을 방문하셨습니다. 제가 교황방한준비위원회에서 일한 덕분에 그분이 2014년 8월 14일, 성남 서울공항에 도착하실 때 그분을 직접 뵙는 행운을 누렸습니다. 그분을 영접할 신자 대표 30명의 인솔자로서 그분과 짧게나마 악수를 나누면서 인사했던 것입니다.

교황 방한의 마지막 날인 8월 18일, 명동 대성당에서 개최된 '평화와 화해를 위한 미사' 때에도 그분과 스치듯이 만났습니다. 교황님은 미사를 끝내시고 가슴에 손을 얹고 머리를 약간 숙인 채 기도하는 모습으로 퇴장하셨는데, 그때 그분이 바로 제 앞으로 지나가셨습니다. 그분의 모습이 너무 엄숙해서 잠시 망설이다가 손을 불쑥 내밀어 악수를 청했습니다. 못 보시고 지나가시면 어쩌나 염려했는데 가볍게 웃으시면서 제 악수 요청에 응해 주셨습니다. 참 고마웠습니다.

프란치스코 교황님의 행보, 특별히 방한 중에 보여 주셨던 모습을 보면서 오래전에 읽었던 책이 생각났습니다. 《케네스 신부의 고백》이라는 책인데, 본래 제목은 '플레이보이에서 신부가 되기까지'입니다. 원제가 암시하는 것처럼 자유분방한 생활을 하다가 신부가 된 아들 케네스에게 그의 어머니는 당부하듯이 이런 말을 합니다.

"내가 보기에 훌륭한 성직자란 사람을 사랑하는 사람이고, 사랑하기 때문에 봉사하는 사람이다. 그런 성직자는 아무리 바빠도 늙은 노파를 편하게 해 주기 위해 발을 멈추고, 병자나 고통받는 사람들을 위로하기 위해 발을 멈춘단다. 어른들의 세계에서 생각할 때 아무리 하잘것없이 여겨지는 어린아이들의 문제라도 그것을 들어 줄 시간을 반드시 가져야 한다. 그런 성직자는 죄지은 사람들에게 자비를 베풀고, 완고한 사람들에게 관대해야 한다."

우리 시대는 성직자들에게서 '사랑하기 때문에 봉사하는 사람'의 모습을 갈망합니다. 프란치스코 교황님이 바로 이런 모습을 보여 주시기에 수많은 이들이 그분에게 열광하는 것이 아닐까요? 그런 교황님이 2015년 7월 14일, 과분하게도 저에게 주교의 직무를 맡겨 주셨습니다. 두렵고 떨렸지만, 감사와 순명의 마음으로 그 직무를 받아들였습니다. 여기에는 '사랑하기 때문에 봉사하는 사람'으로 살아가야 하는 과제도 포함되어 있다는 것을 잘 알고 있습니다.

그런 과제를 수행하기에는 부족함이 많은 줄 알기에 주교품을 받고 감사 인사를 드리는 자리에서 다음과 같은 말을 했습니다. "우리가 믿는 하느님은 부족한 이들도 어여삐 보시는 자비로운 아버지이십니다. 또한 부족한 이들을 일꾼으로 삼아 당신의 뜻을 이룰 줄 아시는 능력의 주님이십니다. 이런 하느님을 굳건히 믿고, 여러분들의 계속적인 기도와 격려에 의지해서 직분에 충실하게 살겠습니다."

저는 앞으로도 하느님의 은총에 의지하고 신자들의 기도와 격려에 힘입어 제게 맡겨진 길을 충실히 가고자 합니다.

참고 문헌(발행 연도순)

- 알란 슈레크 저, 박정수 역, 《가톨릭 교회사》, 가톨릭출판사, 2000.
- A. 프란츤 저, 최석우 역, 《세계 교회사》(개정 증보판), 분도출판사, 2001.
- 루돌프 피셔 볼페르트 저, 안명옥 역, 《교황 사전》, 가톨릭대학교 출판부, 2001.
- 토마스 리스 저, 이경상 역, 《인사이드 바티칸》, 가톨릭출판사, 2004.
- 크리스타 폰그라츠리피트 편저, 허종열 역, 《하느님을 향해 세상을 향해》, 분도출판사, 2013.
- 존 노먼 데이비슨 켈리 · 마이클 월시 저, 변우찬 역, 《옥스퍼드 교황 사전》, 분도출판사, 2014.

요한 23세
- 요한 23세 교황 저, 박양운 역, 《영혼의 일기》, 성바오로, 1975.
- T. 보스코 저, 성염 역, 《교황 요한 23세》, 성바오로, 1981.
- 크리스티안 펠트만 저, 신동환 역, 《요한 23세-그의 사랑 · 그의 삶》, 분도출판사, 2004.
- 그렉 토빈 저, 허종열 역, 《요한 23세 성인 교황》, 가톨릭출판사, 2014.
- 로리스 F. 카포빌라 저, 박미애 역, 《다시 만나고 싶은 사람 교황 요한 23세》, 바오로딸, 2014.
- 커트 클링거 저, 신기라 역, 최현식 감수, 《교황님의 유머-그리운 스승 요한 23세의 메시지》, 보누스, 2014.

바오로 6세
- 라짜리니 저, 김종진 역, 《교황 바오로 6세》, 가톨릭출판사, 1965.
- 바오로 6세 교황 저, 김혜경 역, 《바오로 6세의 복음》, 바오로딸, 2014.

요한 바오로 1세
- 요한 바오로 1세 교황 저, 성염 역, 《희망의 서광이 누리를 비춥니다》, 성바오로, 1979.

요한 바오로 2세
- 스타니스와프 지비시 · 잔 프랑코 스비데르코스키 저, 이현경 역, 《평화가 여러분과 함께》, 황금가지, 2008.
- 루이지 아카톨리 저, 성염 역, 《세상은 당신이 필요합니다》, 바오로딸, 2010.
- 지안 프랑코 스비데르코스키 저, 강우식 역, 《요한 바오로 2세 성인 교황》, 가톨릭출판사, 2014.

베네딕토 16세
- 요제프 라칭거 저, 정종휴 역, 《그래도 로마가 중요하다-비토리오 메소리와의 대담》, 바오로딸, 1994.
- 요제프 라칭거 · 페터 제발트 저, 정종휴 역, 《이 땅의 소금》, 가톨릭출판사, 2000.

- 존 알렌 저, 왕수민 역, 《교황 베네딕토 16세 평전》, 한언, 2006.
- 요제프 라칭거·페터 제발트 저, 정종휴 역, 《하느님과 세상》, 성바오로, 2007.
- 베르나르 르콩트 저, 최석우·변기찬 역, 《'마지막' 유럽인 교황 베네딕토 16세》, 분도출판사, 2008.
- 베네딕토 16세·페터 제발트 저, 정종휴 역, 유경촌 감수, 《세상의 빛》, 가톨릭출판사, 2012.
- 페터 제발트 대담 및 정리, 김선태 역, 《베네딕토 16세 교황의 마지막 이야기》, 가톨릭출판사, 2017.

프란치스코
- 잔니 발렌테 저, 박점례 역, 《세상 끝에서 온 교황 프란치스코》, 생활성서사, 2013.
- 프란치스코 교황 저, 진슬기 편역, 《뒷담화만 하지 않아도 성인이 됩니다》, 가톨릭출판사, 2014.
- 프란치스코 교황 저, 진슬기 편역, 《그대를 나는 이해합니다》, 가톨릭출판사, 2015.
- 줄리아노 비지니 편저, 김정훈 역, 《프란치스코 교황이 말하는 신앙생활의 핵심》, 바오로딸, 2015.

지은이 **손희송 베네딕토 주교**

경기도 연천에서 태어나 1986년 오스트리아 인스브루크 대학교에서 교의 신학 석사 학위와 사제품을 받았다. 1992년 귀국하여 1994년까지 서울대교구 용산 성당에서 수임 신부로 사목했으며, 1996년 가톨릭대학교 신학대학원에서 교의 신학 박사 학위를 취득했고, 동 대학교에서 신학 교수를 역임했다. 2012년부터 천주교 서울대교구 사목국 국장으로 재임하던 중, 2015년 프란치스코 교황에 의해 서울대교구 보좌 주교에 임명되었다.

저서로 《그리스도교 신학의 근본 규범인 예수 그리스도》, 《열려라 7성사》, 《신앙인》, 《나에게 희망이 있다》, 《주님이 쓰시겠답니다》, 《성사 하느님 현존의 표지》, 《믿으셨으니 정녕 복되십니다》, 《미사 마음의 문을 열다》, 《주님은 나의 목자》, 《우리는 혼자가 아닙니다》, 《일곱 성사, 하느님 은총의 표지》, 《행복한 신앙인》, 《주님의 어머니, 신앙인의 어머니》, 《일곱 성사》, 《절망 속에 희망 심는 용기》 등이 있다.